JN410390

성광중학교 서록(書錄) 작품집

나도 중2병이 싫어요

우성훈 엮음

만인사

나도 중2병이 싫어요

| 책머리에 |

『나도 중2병이 싫어요』를 준비하며

우성훈(담당 교사)

'인문학' 광풍이 몰아치던 지난해 초. '인문학'이라는 용어에 스스로 방향을 잡지 못할 때 '서록(書錄)' 친구들을 만났습니다. 망망대해를 항해하는 배를 몰고 있지만 목표와 방향이 없는 선장이었기에 우리의 배는 결과가 뻔해 보였습니다.

생각의 전환이 필요했습니다. '인문학이 무엇일까? 왜 강조되는 것일까? 아이들에게 무엇을 기대해야 하는 것일까?'라는 질문을 끊임없이 하다 보니 우리의 여행길이 조금씩 보이기 시작했습니다. '아이들 스스로 그들의 삶을 돌아보고 고민하도록 해주자.'는 목표를 설정했습니다. 그리고 처음에는 학생 및 대중의 관심이 높은 '중2병'에 대해 알아보자고 제안했습니다. 생각보다 아이들은 자신들의 삶을 되돌아보며 진지하게 고민해 주었습니다. 그래서 고민으로 끝나는 것이 아니라 사춘기 현황에 대한 보고서도 작성해 보고, 일상을 시로 바꿔 표현해 볼 수 있도록 유도했습니다.

아이들은 생각보다 더 솔직하고 적극적으로 참여해 주었고 스스로의 말과 행동에 조심성을 더하는 모습을 보여주었습니다. 이에

동아리 활동이 아니라 전체 학생들을 대상으로 확대하면 의미가 있겠다고 생각해 국어과 선생님들과 함께 협력해서 학생들에게 '보고서 쓰기', '자신의 경험을 시로 표현해보기', '독서 에세이 쓰기' 등의 활동을 실시해 보았습니다. 솔직하고 창의적인 생각을 확인할 수 있었을 뿐만 아니라 아이들이 주변 관계 속에서 자신의 모습을 돌아보며 서로에게 말과 행동을 조심하는 놀라운 변화를 볼 수 있었습니다.

『나도 중2병이 싫어요』에서는 '인문학 여행'을 함께한 '서록' 친구들을 포함한 성광 학생들의 성장을 기록하기 위해 노력했습니다. 나비가 되기 전 딱딱한 껍질 속에 웅크리고 있는 번데기 시절의 고민을 엮었습니다. 그 고민들이 그들을 예쁜 나비로 성장시켜 줄 것이라 확신하며 자신의 사춘기를 함께 고민하고 솔직한 생각을 나누어준 모든 성광인 친구들에게 감사의 말을 전합니다.

또한, 출간 작업을 함께 도와주신 성광중 국어과 선생님들께 지면을 빌려 감사의 말을 다시 한 번 전합니다. 마지막으로 책표지 디자인을 부탁했을 때 흔쾌히 수락해준 2학년 박민규 학생에게 고맙다는 말을 남깁니다. 인문학 여행 '서록(書錄)' 파이팅! 성광중 파이팅!

차 례

차 례

4 책에서 물어 볼 게요

5 괜찮아, 나도 그랬어

1

나는 아직 번데기

볼 수 없는 지도

김건우(2학년)

한 소년이 길을 걷고 있다.
길을 걸으며 보고 있는 지도는
이미 왔던 길만 적혀있는
목적지가 비어있는 지도
희미하게 표시된 곳으로
거침없이 나아간다.

소년이 방황하여 헛디딘 발은
내리막 빙판길에서 미끄러지고 만다.
안간힘을 써보지만 미끄러진다.
올라가기 힘들었는지
목적지가 비어있는 지도만 연신 보다가
소년은 다른 길을 찾아 간다.

나는 아직 번데기

이호성(1학년)

나는 아직 번데기
나비가 되기 전이다.
그래서 모습이 바뀌고 있는 게
혼란스럽다.

나는 아직 번데기
새로운 나를 찾는다.
그래서 내 모습이 기대돼
나비의 흉내를 낸다.
나는 나비가 되고 싶다.
무엇인가가 나를 막는다면
나는 이겨낼 것이다.

더 이상은 숨기고 싶지 않다.
내 모습을
만약 이렇게 하는 게 두렵다면
너는 아직도 어른의 가면을 쓰고 있는
어리고 여린 어린이일 뿐이다.

나는 나비다.

왜 그럴까?

강경민(2학년)

어른들은 왜 내게 뭐라고 할까?
왜 자꾸 병에 걸렸다고 할까?
나는 진짜 병에 걸렸을까?

무슨 병일까?
죽는 병일까?
불치병일까?

어른들은 왜 그럴까?
나만 걸린 것도 아닌데……
왜 나한테만 그럴까?

길 찾아준 친구

김준한(2학년)

늦은 밤
어딘지도 모르는 그 곳으로
나 혼자 들어간다.

감시를 당하는 듯
온몸에 소름이 돋고
기분이 나빠지는 그때

"준한아! 뭐해? 이리 와!"
친구의 목소리가 들려온다.

늦은 밤
어딘지도 모르는 그 곳으로
들어간다.

감시를 당하는 듯
온몸에 소름이 돋지만
괜찮다.
내 옆에 친구가 있으니까.

노을

장수현(2학년)

굉장히 우울한 날
돈을 잃어버리고
부모님께 혼나고……
참으로 안 좋은 날

혼자 쓸쓸하게 밖을 볼 때
마음의 피로가 싸아하고 사라졌다.
노을이 내게 다가와
나의 마음을 만져주고 갔다.

가을의 노을은
생각하게 만든다.
눈물 나게 만든다.
잊도록 만든다.

과녁

사공인찬(2학년)

내가 쏘아올린
그 화살은
아무것도 모르고 쏘아올린

내가 쏘아올린
그 화살은
약간의 이기심이 섞여 있는

내가 쏘아올린
그 화살은
오직 그 시기에만 흘러나오는
이상한 자존심이 묻어나는

내가 쏘아올린
그 화살은
때로는 의도하지 않은

그리고
내가 쏘아올렸던

그 화살을

아픈 티 내지않고

묵묵히 맞아주는 과녁처럼

우리들의 행동을 거짓없이 나타내는

미안합니다. 감사합니다.

아버지, 어머니.

꼭 그런다

김승현(2학년)

세 시간 공부하고
잠깐 머리 식히려고 휴대폰을 켜면
"폰 좀 그만 해라!"

수학 공식 외우고
영어 문제 낑낑 풀고나서
잠깐 냉장고 문을 열면
"또 냉장고 문 연다!"

토요일에 학원 갔다가
점심 먹고 잠깐 놀러 가려 하면
"맨날 놀러 가니?"

꼭 그런다.

변명

정성엽(2학년)

공부는 무엇일까?
아무리 까도 계속 껍질이 나오는 양파처럼
배워도 계속 배울 것이 나오는 것이지.
게임을 하다보면 잘하게 되듯이
열심히 하면 미래에 보상을 받는 것이며,
사람이 잠을 자듯이
반드시 해야 하는 것이 공부다.
아는데……

사춘기라는 놈이
자꾸 나를 헷갈리게 한다.
아니,
자꾸만
변명하게 된다.

사춘기 소년의 삶

최민준(2학년)

아침에 일어나면
나무늘보가 된다.
그 전날 너무 늦게 자서
집에서 나오면
버스를 놓칠까봐
치타가 된다.

수업이 시작되면
다시 나무늘보가 된다.
점심시간이 되면
다시 치타가 된다.

5교시가 되면
밥 먹으니 나른해져
또 다시 나무늘보가 된다.
집에 가는 버스를 타기위해
나는 다시 치타가 된다.

나무늘보가 되고

치타가 되는 걸
그만하고 싶을 때쯤
다시 학원을 향하는 길에
나는 달팽이가 된다.

그리고 늦은 밤
나는 다시 나무늘보가 되기 위해
침대에 몸을 눕힌다.

성숙해진 가을

강동훈(2학년)

늦가을과 함께 다가오는 11월
단풍잎의 색이 더욱 짙어질수록
내 마음 속의 외로움도 더욱 짙어진다.

수업시간에 홀로 창문을 보다
떨어지는 단풍잎도 날 외롭게 한다.
빠알간 단풍잎도 지금은 보기 싫다.

아빠가 "어디 가자" 하면
차가운 바다처럼 "싫어요."
엄마가 "학교 잘 다녀왔니?" 하면
귀찮은 듯이 "네"

모든 곳이 하나같이 귀찮다.
가을 타는 것인가?
아니면 말로만 듣던 중2병인가?

사랑

홍영준(2학년)

창문 밖을 본다.
그녀가 서 있다.
그녀를 바라본다.
누굴 기다리나 보다.

다시 그녀를 본다.
그녀가 아직 서 있다.
자꾸 그녀를 본다.
한눈에 반했나 보다.

내 마음에도 봄이 왔나 보다.
이게 사랑인가 보다.

세상

이상엽(2학년)

우리가 사는 세상.
내 미래가 사는 세상.
그럼 우리 미래는
현재의 누가 지켜줄까?

스펙만 보고, 성적만 보고
이런 일들이 계속 이어지면
우린 아마 아인슈타인이 되어야
간신히 회사에 취업이 가능하겠지?

공부하면 모든 게 된다는데……
우리는 이대로
세상의 어른들에게 굴복해야 하는 걸까?

나의 사춘기

김민제(2학년)

난 15살이다.
이유 없이 짜증이 난다.
예민해진다.
왜 나를 사춘기 소년이라 부를까?
왜 이 시기에는 우리를 사춘기라 부를까?
고민에 잠기다가……
엄마의 잔소리에
짜증을 낸다.
하……
이놈의 사춘기……

나의 학교 생활

김태경(2학년)

1교시는 지겨운 국어시간
책만 읽고 끝이 났다.
1교시 쉬는 시간은 10초.

2교시는 지겨운 수학시간
문제만 풀고 끝이 났다.
2교시 쉬는 시간은 LTE.

3교시 모르는 영어시간.
단어 적다가 끝이 났다.
3교시 쉬는 시간은 1초.

4교시는 체육시간.
시작하자마자
끝이 났다.
이어 점심시간이다.
어……
끝이 났다.

5교시는 잠 오는 역사시간
나는 분명 깨어 있는데……
잤다.
5교시 쉬는 시간은 초고속.

6교시는 잠자는 음악시간.
음악을 들으며 자다가 끝이 났다.
6교시 쉬는 시간은 빛의 속도.

7교시는 과학시간인가?
분명 수업을 한 것 같은데
잤다.

기분 좋은 꿈을 꾸니
오늘은 방과후가 없단다.
이득.

나의 사춘기

김정록(1학년)

나의 사춘기는
포춘쿠키처럼 속을 모르고

나의 사춘기는
네스호의 괴물처럼 무섭고 미스테리하고

나의 사춘기는
놀이공원의 롤러코스터처럼
보는 사람이 어지러울 수도 있다.

하지만 걱정할 필요는 없다.
사춘기가 지나 가면
나는 원래의 나,
그 이상으로 돌아올 거니까.

부모님 앞에만 가면

서진우(2학년)

친구들과 웃고 떠들고
즐겁게 지내고는

부모님 앞에만 가면
퉁명스럽게 이야기한다.

친구들이 성질내며 말하면
나는 웃으며 친구들과 장난친다.

하지만 부모님이 웃는 얼굴로 말하면
나는 짜증내며 부모님께 쏘아댄다.

후회하지만
부모님 앞에만 가면 그런다.

중2병

송지석(2학년)

내가 처음 겪는 중2병
난 아닌 것 같은데……
남들은 중2병이래……

그런가?
그런가보다.
이랬다가 저랬다가
답답하다.

내가 걸린 병 때문에
가족들이 힘들어 할까봐 걱정된다.
빨리 나아야겠다.

사춘기라 화가 난다

김형진(2학년)

돈이 없어 화가 난다.

친구 없어 화가 난다.

게임 못해 화가 난다.

맞고 있어 화가 난다.

욕 먹어서 화가 난다.

쓸데없이 화가 난다.

사춘기라 화가 난다.

사춘기

김현서(3학년)

나쁜 맘이 스멀스멀 피어오르는
사춘기
여드름이 울긋불긋 솟아나는
사춘기

내 인생의 처음이자 마지막인
기회 사춘기
내 인생의 처음이자 마지막인
위기 사춘기

나를 다시 한 번 뒤돌아볼 수 있는
좋은 기회인 사춘기
한편으론 나에게 이상한 맘을 주는
나쁜 사춘기

중학교 1학년 사춘기가 쉽게
다가올 수 있는 시기
중학교 2학년 사춘기가 가장
좋아하는 시기

중학교 3학년 사춘기가 눈 녹듯
쉽게 사라지는 시기

나는 사춘기, 엄마는 갱년기

김동현(2학년)

이른 아침, 엄마의 날카로운 목소리
"언제 정신 차릴래? 학교 안 갈 거야?"
나의 짜증스런 대답
"내가 알아서 할 게!"

학교를 마치고 집으로 오는 길
"재미있었어?"라고 말 건네시는 엄마.
"항상 그렇지 뭐!"하고
마지못해 대답한다.

학원을 다녀온 늦은 시간
나도 모르게 감긴 눈과 함께 들리는
엄마의 외침
"공부는 언제 할래?"

다 나를 위한다는 잔소리.
알고 있지만 짜증이 난다.

삶

장형준(2학년)

놀고만 싶은데
공부를 하고

먹고만 싶은데
공부를 하고

자고만 싶은데
공부를 하고

정작 공부하고 싶을 때
이미 늦었겠지……

엄마에게

류상혁(2학년)

엄마, 미안해
내가 맨날 들소처럼 화만 냈지?
별로 화낼 일도 아닌데……

엄마, 미안해
내가 맨날 짜증만 냈지?
별로 한 것도 없는데……

엄마가 잘못한 게 아닌데
내가 괜히 짜증을 냈어.

내가 사춘기라는 걸
느끼면서 철이 좀 들었다고
생각했는데 아니었나봐.

엄마, 앞으로는 내가 짜증내지 않을 게.
미안해, 미안해.

미안해

박동환(2학년)

애들아 미안해
평소와 다름없이
나에게 장난을 걸어준
너희에게 괜히 짜증을 냈구나.
애들아 미안해.

아버지. 어머니.
죄송해요
늘 그렇듯이
절 챙겨주시면서
제 방에 들어오셨는데
거기에 짜증을 내서
부모님, 죄송해요

애들아 미안해
아버지, 어머니. 죄송해요.

질풍노도

박성욱(2학년)

내 나이 열다섯
사춘기다.
이유없이 짜증나고
가족과 얘기하기 싫다.

가족과의 대화엔
자물쇠로 꼭 잠겨진 내 마음의 문.
그러나 정작 다른 사람에겐
이보다 활짝 열린 문이 없다.

어른들은 나를 질타하는 것 같아
막 나가기 시작한다.
정작 아무 도움 없는 사이버 사람들에겐
이보다 예의바를 수 없다.

내 자신이 바뀌면 좋겠다.
지금은 내 자신이 싫다.
사춘기가 싫다.

시간이 지나면

백규현(2학년)

사소한 것 하나에도
모든 게 짜증나는 시기

아무것도 아니지만
자꾸 친구들과 싸우게 된다.

왠지 모르게
엄마의 물음에 답하기도 싫다.

반항하지 않으려고 하는데
자꾸 반항하게 된다.

사춘기일수록 나를
잘 다스려야 하는데 쉽지가 않다.

“시간이 지나면 괜찮아 지겠지”
오늘도 하루가 지나간다.

2

내 마음이 이래요

두가지 모습

이준성
별 것도 아닌데
엄마 앞에서 버럭버럭
친구 앞에서 싱글벙글
책상 앞에서 울렁울렁
컴퓨터 앞에서 방긋방긋
폰 앞에서 히죽히죽
알 수 없는 분노를 풀지못해 아등바등

수학 =사춘기 ?

민정원

수학
어렵고
힘들다.
어떤 사람에게는 쉽지만
누군가에게는 미치도록 힘들다

사춘기
어렵고
힘들다.
누군가에게는 쉽게 넘어가지만
어떤사람에게는 매우 힘들고 아프다.

What is the problem?

마음속 등산길

1-6
길덕영

사춘기는 나의 마음속 등산길 중
첫번째 오르막길
산 밑 어린시절 그리워하며
더욱 성장하기 위해
더욱 높은곳으로 올라가네

사춘기는 나의 마음속 등산길 중
첫번째 내르막길
산 올라올때 힘듬 잊은채
씨잉 뛰어내려가다간
퍼억 넘어 질수 있다

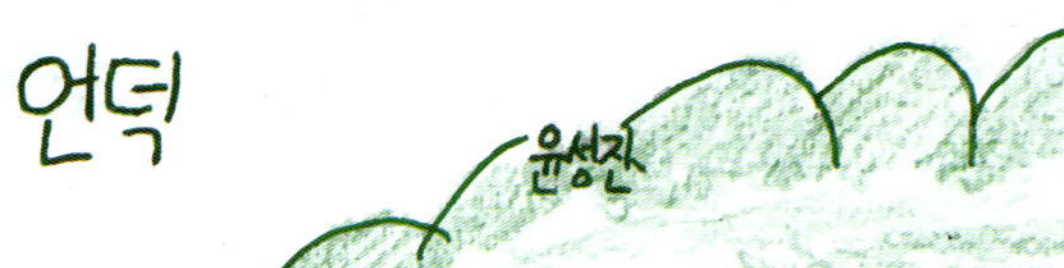

언덕

윤성진

사춘기는 내가 넘어야 할 언덕 중 하나
이 언덕을 넘으면서 나는 짜증이 많아질것이다.
이 언덕을 넘으면서 나는 나의 한계를 극복하게 된다.
이 언덕을 넘으면서 나는 철이 들수도 있다
이런 고난이 있지만
나는 나의 꿈을 향해 힘차게 달려간다

언덕을 넘어가자.
또 다른 언덕을 향해 넘어가자
끝이 보일때까지 언덕을 넘어가자
나는 오늘도 나의 꿈을 이루기 위해
하루도 쉬지 않고 달린다

내 머리 속...

김수형.

나의 머리 속은 항상 복잡하다.
마치 하나의 큐브처럼.

친구가 놀자하면
가족과 가야 하고.

게임을 하자하면
공부가 걱정 되고.

엄마가 잔소리하면
나가고 싶지만
그럴만한 돈도 힘도 없다.

이래도 저래도 할수없는 나
그냥 될대로 되라.

번데기

이 호성

아직 번데기인 나
성충이 되기 위해
고난을 겪는 번데기

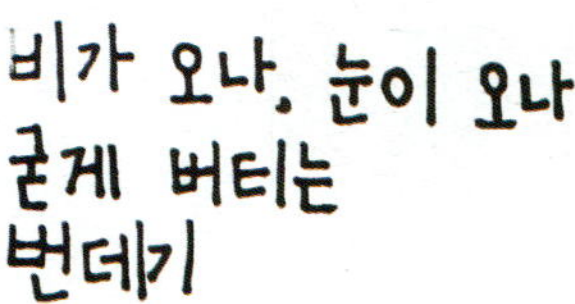

비가 오나, 눈이 오나
굳게 버티는
번데기

성충이 되기 위해
기다리고 또 기다린다.

사춘기

이우진

사춘기란 겪어야하는 것이다.
사춘기 오면 상황이 심각해질텐데...

사춘기란 짜증난다.
부모님과의 관계가 심각해지니깐....

사춘기라는것이 없어졌으면 좋겠다.
지금은 관계라는것이 더 중요하니깐.
사춘기야 저리가!!

김봉규

요즘 가족과의 대화가 줄어들고
친구간의 대화가 늘어난다.

가족이 싫은건 아닌데
가족보다 친구가 더 좋은건 아닌데

나도 이젠 사춘기 인가 보다.
이제부터는 예전으로 돌아가

가족의 사랑스런
막내가 되어야지

사춘기란 세계

김건우

자신도 모르게
사춘기란 세계에 들어간 아이들은
왠지 모르게
엄마 에게 반항 한다

자신도 모르게
사춘기란 세계에 들어간 아이들은
왠지 모르게
짜증을 낸다

사춘기란 세계에 들어간 아이들은
자신도 모르게
그 세계에서 나온다

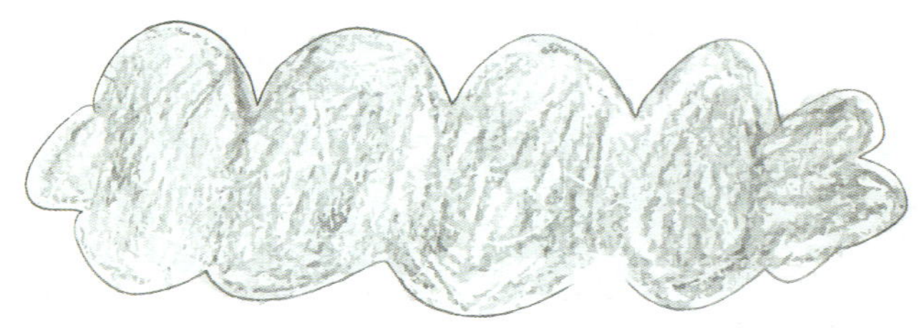

여동생의 사춘기

권기면

여동생이 화를 내면
내가 못이긴다.

여동생이 화를 내면
여동생이 시키는 일을 해야한다.

여동생이 화를 내면
내가 남동생들을 돌봐야한다.

그래서 나는 사춘기가 싫다
여동생이 화를 내며
내게 모든 일을 시키니까

이상기후

1-3 김현성

사춘기는 이상기후.
언제 덮칠지 모르는 자연재해.
비가 왔다가 갑자기 더워지고,
번개가 왔다가 먹구름이 걷히고,
해일이 왔다가 다시 바다가 잔잔해 지는것처럼

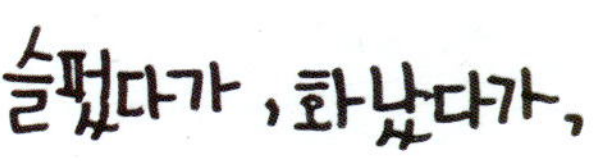

행복했다가, 다시 슬퍼지고.
마치 예측할 수 없는 이상기후 같다.

내 마음

김태승

요즈음 내 마음에는 변화가 생긴다
부모님 말을 잘 듣던 순둥이가
말을 잘 안 듣는 반항아가 된다.

요즈음 내 마음에 변화가 생긴다.
모든 걸 부모님과 함께 했던 내가
어느새 친구와 함께 하게 된다.

요즈음 내 마음에 변화가 생긴다.
기쁠땐 계속 웃고 슬플땐 계속 운다.

오락가락 하는 내 마음을 나도 잘 모르겠다.

공부&숙제

1-8 ○○○

오늘도 학교가서 공부하고
학원가서 공부하고
집에가서 공부한다.
진짜 공부하기 싫다.

학교에서 숙제 주고
학원에서 숙제 주고
집에서 숙제하니
진짜 싫다!

내 세상

조민재

감정기복이 심한 때
좋은때는 좋았다가
슬플 때는 슬픈 것이 자주변한다

다른사람에게 괜히 화가 나고
때로는 그냥 눈물이 난다

이런 시기가 지나고 나면
비로소 어른이 된다

언제쯤 그때가 올까?

나의 사춘기

- 정 진 -

삶은 답답하고
몸은 피곤하고
공부, 힘들다

책도 읽기 싫고
공부 하기 싫고
게임 하고 싶다

쟤는 뚱뚱하고
쟤는 못생겼고
이쁜건 눈에 띈다.

지금, 나의 사춘기
언젠가는 끝나겠지?
끝이나길 기다리며
하루하루 살아간다.

Start finish

사춘기

오지환

몸도 마음도 힘든 사춘기
온것같지만 아닌것 같은사춘기
다하기 싫다.

사춘기도 싫고
공부도 싫고
몸도 움직이지 않고
마음대로 되지 않네

3

반항기, 혹은 성장기

비둘기

강명진(2학년)

창 밖을 내다보았다. 저 멀리 비둘기 한 마리가 날아와 학교 위로 훅 지나가 버렸다. 난 창 밖으로 머리를 거북이처럼 길게 빼내어 비둘기 뒷모습을 쫓았지만 소용없었다.

때는 1학년 2학기 쉬는 시간. 다른 아이들은 장난을 치고 있고 언제나 그렇듯이 나는 제일 뒷구석에 틀어박혀 있었다. 나는 친구가 한 명도 없다. 그렇다고 왕따는 아니었다. 그저 도시 밖을 훨훨 날아다닐 비둘기가 새장에 갇힌 것처럼 외롭고 학교 오는 재미를 잃어버려 학교에서의 1분이 1시간처럼 느껴지고, 1시간이 1일처럼 느껴졌을 뿐이다. 이런 감정은 2학기 때부터 더 심하게 나를 압박했다. 1학기 땐 시험 준비 때문에 바빠 친구들에게 신경 쓸 시간도 별로 없었을뿐더러 사춘기에 접어들지도 않았다. 하지만 2학기 자유학기제에 들면서 나와 친구들은 사춘기에 접어들어 더욱더 예민해지고 방황할 시간이 늘어났다.

다행히 집에서는 그렇게 화내지 않았지만, 학교에서 친구들이 옆에서 열 받게 하면 화를 내면서 많이 다툰 기억이 난다. 다들 예민하고 사춘기여서 조금만 약 올려도 달콤한 잠에 빠진 호랑이를 깨운 듯이 덤벼들었다. 정작 나 자신은 다른 친구들의 신경을 긁으면서…….

그래서 2학기 때 다툼이 제일 많이 일어난 것 같다. 보통 싸우고 하루만 지나면 금세 친해지지만 나는 그렇지 않았다. 이 일들을 매우 민감하게 받아들였다. 나는 한 번 싸우고 나면 그들을 용서하지 않았고 말도 걸지 않았다. 이로 인해 친한 친구들과도 관계가 틀어졌고 친하지 않던 친구들과는 사이가 더욱더 안 좋아졌다. '이래서 친구가 없지'라고 생각하고 있지는 않겠지? 이 사실을 부정하고 싶지만 할 수 없다. 나의 부모님을 비롯한 여러 주변 사람들조차 내가 많이 예민하고 까다롭다고 한다. 그래도 친구들에게 잘해줄 땐 잘해줘서 초등학교 때는 꽤 인기가 있었다.

하지만 여긴 더 이상 초등학교가 아니다. 예민하지 않은 친구들도 예민해지는 시기이다. 나는 이 사실을 몰랐고 다른 친구들도 이 사실을 몰랐다. 다시 생각해보니 내가 너무 지나치게 반응한 것 같기도 하다. 너무 속상하고 힘들어서 2학기 때는 웃는 일도 없었다. 친구도 없고 외로우니까 쉬는 시간엔 혼자 앉아 멀뚱멀뚱 창문만 내다보는 바보가 되어 있었을 뿐 아니라 급식을 같이 먹을 친구조차 없어 굶은 적도 수없이 많았다.

밥 안 먹고 반년 내내 웃지 않으면 남의 손해인가? 결국 나 자신이 가장 손해이다. 지금 생각하니 2학기가 너무 아깝고 후회된다. 조금만 덜 민감하게 했었다면 그런 고생을 하지 않을 수도 있었는데. 이런 일로 고생하며 방황하느라 2학년 준비도 제대로 못하고 너무 후회된다. 이 일을 마음속에 잘 새겨 같은 실수를 반복하지 않아야겠다.

또, 박지영 선생님께서 도움을 많이 주셨다. 박지영 선생님께서 나의 새장 문을 열어주셨다. 그로 인해 나는 자유롭게 날 수 있었다. 아직도 부족한 점이 많지만 나의 문제점들을 잘 개선해 나아갈 것이다. 평화를 상징하는 비둘기처럼 나도 마음의 평화를 가지고 내 꿈을 마음껏 펼칠 것이다.

사춘기 조사기록

한재영(2학년)

2015년 1월 2일

음, 어떻게 시작해야 할지 모르겠다. 내 생각에는 사람이란 자신도 모르게 변하는 것 같다. 사춘기란 것도 그렇겠지. 고로 나는 지금부터 사춘기 조사기록을 써야겠다.

2015년 1월 4일

중2는 사춘기의 절정이라고 하는 것 같다. 주위를 보자 아직까진 예전처럼 친구들은 그대로인 것 같다. 주위를 볼까나. 누굴 할까? 아니 친구1로 해야겠다. 이건 방학숙제로 내야 하니까. 익명성은 보장하자.

2015년 1월 5일

오랜만에 친구들을 만났다. 일기 소재가 늘어났군. 좋아.

일단 친구1. 역시 나의 안목이란. 오랜만에 봤는데 정말 달

라져 있다. 분명히 만났는데 아까부터 계~속 혼잣말만 하고 있다. 미친놈. 자, 친구2를 볼까나. 음. 아까부터 웃고만 있네. 저것도 사춘기의 증상인 것 같다.

2015년 1월 6일

누군가가 알아채지 못하게 관찰하는 것은 되게 재미있는 것 같다. 오늘은 학교를 가야 한다. 방학에도 학교를 가야 한다니. 젠장. 오히려 좋은 것일 수도 있다. 일기 소재가 늘어나니까.

일단 친구1을 볼까나? 아까부터 계속 창 밖을 보고 있다. 얼굴을 보니 멍하네. 그리고 친구2, 그 녀석은 부모님과 싸웠다나 뭐라나. 반항심, 저것도 사춘기의 증상이라고 볼 수 있다.

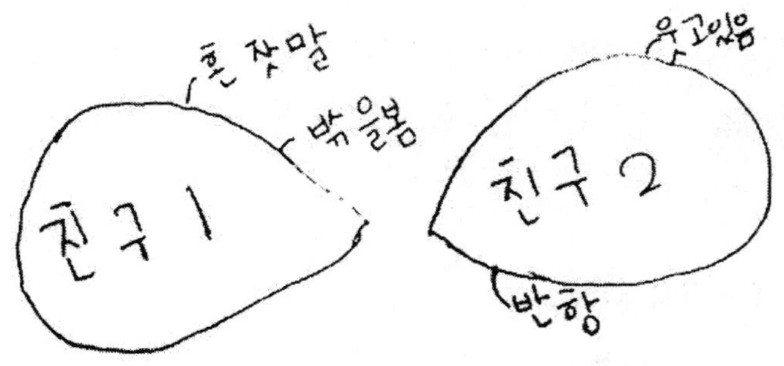

2015년 1월 7일

친구1은 밤이 될 때마다 밖으로 나가고 싶어 한다. 자유를 원하고 있는 것 같다. 왜 싸우는지 물어보니까 자기를 축구에 안 끼워줬다나 뭐라나. 에휴, 재는 화를 잘 안 푸니까 내가 나서야겠군. 지금은 밤이지만 오늘은 부모님이 늦게 들어오신다니까. ㅎㅎ

2015년 1월 8일

그럼 정리해볼까나?

친구1: 밖에 나가고 싶어함. 혼잣말. 밖을 봄.

친구2: 조그마한 일에도 잘 웃음. 반항을 많이 함.

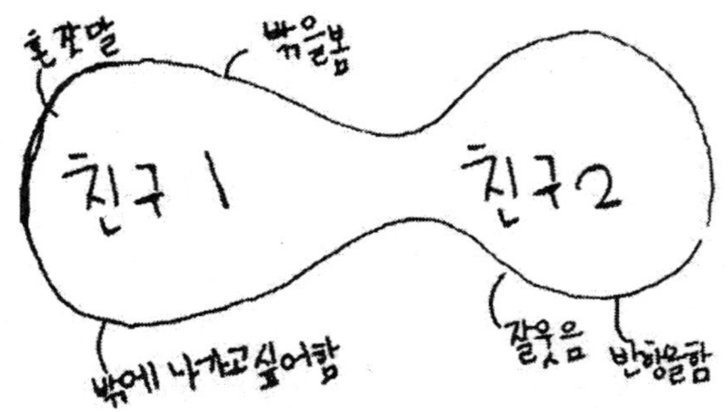

원래 이런 조사기록을 쓰려면 시간을 잡고 꾸준히 써야 한다. 하지만 여기서 그만! 이유는 방학숙제는 5편 쓰기였으니까!

2015년 3월 31일

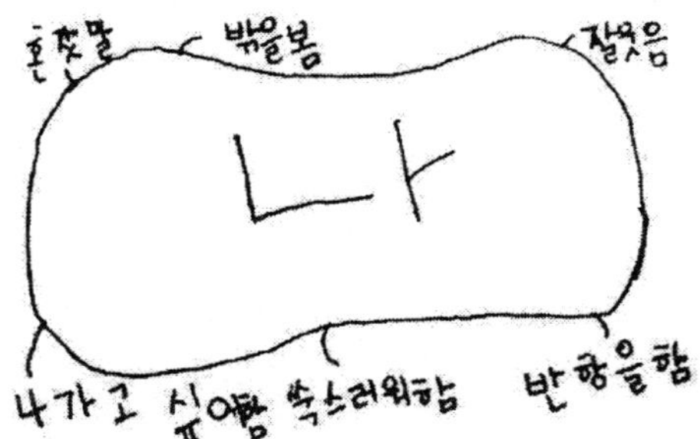

방학숙제는 검사 맡았고 이제는 말해야지. 친구1, 친구2는 없어. 모두 '나'니까. 괜히 쑥스러워서 이렇게 썼지만, 이제 냈으니까 안 쑥스러워! 다음 방학숙제 검사할 땐 선생님도 놀라시려나?

아, 몰라. 그럼 다음 방학을 기약하며. 사춘기 조사기록 끝!

반항기? 성장기?

송영운(2학년)

어릴 때 TV에서 많이 봤던 빨간펜 광고에서는 엄마가 나와서 잔소리하는 장면이 나온다. 준비물, 친구, 숙제, 성적, 공부 같은 것들. 아무래도 이 광고를 봤을 때의 나는 너무 어린 나머지 이런 잔소리가 왜 듣기 싫은지 전혀 이해하지 못했던 것 같다. 그러나 한창 사춘기가 올 나이이자 일명 질풍노도의 시기인 중학교 2학년인 나는 잔소리의 귀찮음을 정말 뼈저리게 느꼈었다.

어떤 때는 옷이 마음에 안 들어서, 어떤 때는 음식이 마음에 안 들어서, 또 어떤 때는 그냥 모든 게 마음에 안 들고 귀찮아서 소통의 문을 닫고 방 안에 들어가 버렸다. 정말 내 주변 사춘기의 친구들에게 물어본다면 3번째에 가장 공감할 것 같다. 사실 아무 이유 없이 모든 게 싫은 경우는 없다. 그럼에도 불구하고 그렇게 느끼는 건 부모님의 잔소리에 상처를 주는 말이 섞이기 때문이다. '넌 커서 뭐가 될래?'라든지, '넌 커서 뭐가 될래?'라든지, '넌 커서 뭐가 될래?'라든지….

사춘기에 우리는 진로에 관한 고민을 참 많이 하게 되고 대부분은 정하지 못했거나 정했어도 준비를 못하고 막연한 상태이다. 이런 시기에 진로에 대한 말은 상처를 주기 쉽다.

첫 머리가 조금 다른 방향으로 흘러가긴 했지만 아무튼 나는 내가 사춘기를 어떻게 반항기가 아닌 성장기로 보낼 수 있었는지 몇 가지 방법을 단계적으로 설명하려고 한다. 부디 이 글을 통해 사춘기를 성장기로써 보내는 친구들이 많아졌으면 좋겠다.

첫 번째 방법은 내 능력을 높이는 것이다. 흔히들 하는 LOL게임에서는 자신의 능력을 올리기 위해 아이템을 산다. 그렇게 올린 능력으로 게임을 승리로 이끌고 가게 된다. 우리는 이것을 게임으로 이루어 내지만 노력만 하면 충분히 현실에서도 할 수 있다고 생각한다. 물론 쉽지 않겠지만 이것이 부모님의 현실적인 욕구를 채워주므로 가장 완벽한 방법일 것이다.

첫 번째가 실패했다면 두 번째는 과거로 돌아가는 것이다. 쉽게 말해 과거의 나를 떠올려 최대한 그때와 비슷해지는 것이다. 완전한 해결법이라 보기 어렵긴 하지만 사춘기가 지나갈 때까지 이런 상태로 있다면 도움이 될 것이다.

마지막 방법은 내가 성공한 방법이다. 모든 것을 내려놓고 내가 한 번씩 양보하는 것이다. 부모님께도, 선생님께도, 친구들에게도. 어차피 계속 자신의 의견을 내세워봤자 부모님과는 갈등이, 선생님께는 훈육이, 친구들과는 싸움이 날 뿐이다. 내가 한 발자국 양보하면 상대 쪽도 한 발 양보해줄 것이다. 더 나아가 사춘기에 이렇게 양보하는 것이 버릇이 되고 습관이 된다면 나중에 사회에 나가서도 우리들의 이미지는 사람들에게 좋게 남을 것이고 궁극적으로는 우리의 행복한 인생까지 생각할 수 있게 된다.

사춘기는 우리의 마음이 성장하는 매우 중요한 시기이다. 그러니 잘 보내는 것이 중요할 수밖에 없다. 다시 한 번 내 글을 읽고 사춘기를 반항기가 아닌 성장기로 보내는 사람들이 늘어났으면 한다.

사춘기 영원히 안녕

이 석(2학년)

사춘기, 흔히 질풍노도의 시기라고 하는 이것은 학생들의 성격을 180도로 바꿔놓는다. 사소한 일에도 화가 나고, 툭하면 친구들을 건드리고, 특히 모든 일을 하기 귀찮아하는 친구들을 많이 보았다.

나도 예외는 아니었다. 요즘 부모님께 아무것도 아닌데 많이 대드는 것 같다. 저번에 숙제도 하지 않고 TV를 보고 게임을 해서 부모님께 크게 혼난 적이 있다. 그때 나 자신이 너무 싫었고, 내가 이것밖에 못하는 것 같아 너무 절망스러웠다. 이렇게 사춘기의 악순환은 끊이지 않는다. 그러면 어떻게 나의 소중한 시간을 빼앗는 사춘기를 잘 끝낼 수 있을까?

첫째, 자신의 화를 잘 다스릴 줄 알아야 한다. 화가 난다고 부모님께 대들고 친구들에게 무조건 폭행을 휘두르면 어떻게 될까? 당연히 가족과 친구들간의 우정이 끊어지고 대화가 단절될 것이다. 그렇게 되면 서로 더욱 갈등을 해결하기 힘들어지게 된다. 그러니 화가 나더라도 천천히 마음속을 차분하게 진정시켜서 상대방과 제대로 화해하는 것이 올바른 방법이다.

둘째, 계획을 세우고 긍정적인 마음을 가져야 한다. 사춘기 때 나는 숙제를 남겨놓고 게임을 했던 적이 있었다. 그래서 학원가는 날 허겁지겁했던 적이 있다. 이런 악순환을 막기 위해서는 계획을 분명히 세우고 내가 이걸 하기 전에는 절대 놀지 않겠다는 의지가 있어야 한다. 또, 긍정적인 마음을 가지면 모든 것에 감사할 수 있어서 사춘기를 아무 탈 없이 잘 보낼 수 있을 것이다.

마지막으로 사춘기로 인해 어렵거나 힘든 일이 있을 때는 부모님이나 친구, 선생님께 도움을 요청하거나 상담을 받아보는 것도 좋은 방법이다. 거의 모든 학교에 위클래스가 있는 것이 바로 그 이유다. 특히 친구와 상담을 하면 서로 잘 알기 때문에 고민을 더 잘 해결할 수 있어서 우리 학교에서는 또래 상담도 운영하고 있다. 자신이 숨겨왔던 힘든 고민도 해결하고, 삶의 활기도 되찾을 수 있는 상담을 나는 강력히 추천하는 바이다.

여기까지 나만의 사춘기 극복방법 세 가지를 모두 소개하였다. 독자 여러분들도 제가 소개한 세 가지 방법을 시도하여 사춘기를 아무 문제 없이 잘 끝내고 "사춘기 영원히 안녕!"을 외칠 수 있는 그 날이 빨리 오기를 바란다.

끝으로 제 글이 독자 여러분들의 사춘기 극복에 많은 도움이 되었으면 좋겠다.

나의 첫 외박, 설렘

홍혁균(1학년)

10월 5일~6일 성광중학교 학생들은 낙동강 야영을 갔다. 가기 전에 정말 들뜨고 설레서 친구들과 어떻게 밥을 해 먹을 것인지 무엇을 해 먹을 것인지도 걱정이 되고 텐트는 어떨지, 잠은 잘 잘 수 있을지도 걱정이 되었다. 친구들과 버스를 타고 야영장을 가면서 친구들과 이야기를 나누는 것이 재미있었다. 이야기를 나누다 보니 장소에 빠르게 도착했고, 입교식을 했다.

입교식을 준비하는 동안 우리는 아주 조용히 준비했다. 우리가 많이 떠들어서 야영장 선생님께서 화가 나셨기 때문이다. 우리는 입교식을 마치고 우리가 잘 텐트로 갔다. 우리가 잘 텐트를 보니 일곱 명이 자기에는 좁게 느껴졌다. 짐을 놓으니 더 좁아 보였다.

우리는 점심을 먹고 선택프로그램을 하러 갔다. 나는 등산이어서 조금 힘들겠다고 생각되었지만, 나랑 친한 친구 하진이와 기현이, 홍빈이랑 같이하게 되어서 조금은 더 좋고 기뻤다. 친구들과 산을 오르며 여러 미션도 하고, 산의 맑고 깨끗하고 신선한 공기를 마시니 기분이 좋고 상쾌해졌다. 우리는 산을 오르고 나서 저녁을 준비하러 다시 야영장으로 돌아왔다. 가장 기대되면서 걱정도 되는 저녁 시간이 되었다. 저녁은 고기를 구워 먹었다. 다 구워 먹고 고기와 김치를 같이 볶아 먹으려고 했는데 정성윤 선생님께서 오셔서 맛있는 요리를 해주시고 가서 정말 감사했다.

우리는 저녁을 먹고 또 한 가지의 기대되는 프로그램인 장기자랑을 보러 갔다. 우리 반은 아쉽게도 나간 팀이 한 팀도 없어서 보기만 했다. 여러 장기자랑 중 나는 8반의 춤과 5반의 여장을 한 춤이 멋지고 재미있었다. 우리는 장기자랑을 다 보고 놀고 잘 준비를 하러 다시 텐트로 돌아왔다. 나는 윤서가 등목하는 것을 도와주었다. 시원하고 개운했다. 놀고싶지만 밖에 나가면 야영 선생님들과 우리 반 선생님께서 계셔서 텐트 안에서 놀았다.

친구들과 여러 이야기를 하니 시간 가는 줄 몰랐다. 우리가 자려고 누웠는데 1학년 6반 친구들과 자는 날이 오늘이 마지막이라고 생각하니 아쉽다. 개학식 때 친구들과 선생님을 만나는 그때부터 지금까지의 이야기가 내 머릿속에서 지나갔다. 앞으로 1학년 6반 친구들과 김지연 선생님과 함께 보내는 시간도 얼마 남지 않았다고 생각하니 정말 슬프고 1학기 때로 돌아갔으면 좋겠다는 생각도 들었다. 나는 이런저런 생각을 하다 잠들었다.

다음 날 아침 우리는 체조를 하러 다목적 광장에 갔다. 아침에는 정말 춥고 날씨가 쌀쌀했다. 추워서 빨리 체조를 끝내고 아침 식사를 준비하기 위해 다시 텐트로 돌아왔다.

아침밥은 요리를 잘한다는 윤서가 했다. 내가 옆에서 물 맞추는 것을 도와주니 어제 밥보다 맛있었다. 우리는 밥을 빨리 먹고 또 다른 체험을 하기 위해 강당에 갔다.

둘째 날 프로그램은 여러 색깔별로 구역이 정해져 퀴즈를 맞추러 다니는 체험을 했다. 처음에는 우리 반 선생님께서 담당하는 구역에 갔다. 여러 바람개비 밑에 적혀있는 퀴즈를 풀었다. 선생님께서 모르는 것도 조금 도와주셔서 쉽게 끝냈다. 다음은 장유정 선생님이 담당이신 구역에 갔다. 여기서 다 맞추고 이번 인솔 교사 선생님께서 가르쳐 주시는 것은 불을 대비하여 소화기를 사용하는 방법을 배우는 것이었다. 다음은 장석현 선생님께서 담당이신 구역에 갔다. 이번에 하는 것은 몸으로 퀴즈를 맞추는 것이었다. 다른 1모둠과 같이 했는데 우리가 다른 한 모둠이 낸 퀴즈를 맞추었다. 우리 모둠이 낸 퀴즈도 우리가 맞추었다. 황명현 선생님께서 담당이신 구역은 시간이 안 되어 못한 것이 아쉽다.

우리는 이 프로그램을 다 하고 점심을 먹으러 갔다.

우리는 점심을 간단하게 라면을 먹기로 했다. 점심을 먹고 다시 돌아갈 생각을 하니 시간이 너무 빠르게 지나간 것 같고 아쉬운 점도 많았던 야영이었던 것 같다.

앞으로 1학년 6반 친구들과 지낼 시간이 별로 없다고 생각하니 너무 슬펐다. 앞으로 남은 마지막 2학기도 잘 마무리해야겠다고 다짐하며 집으로 돌아왔다.

전라남도 일대를 다녀와서

김영인(2학년)

수학여행을 떠나는 첫날. 늦게 일어나지는 않을까 조마조마한 마음에 잠도 제대로 자지 못하였지만, 잠시 후 학교를 떠나 친구들과 함께 여행을 간다는 생각에 마냥 신이 나기만 했다.

원래는 여름철에 가야 했던 수학여행이지만 악조건으로 인해 미루어졌다. 그래서 더욱 기대되었다. 우리 반이 3일 동안 타고 다닐 고속버스에 발을 들이는 순간, 얼마나 설레던지 저절로 입꼬리가 올라갔다. 버스가 차례대로 출발하면서 우리 버스도 학교를 벗어나기 시작했다. 이제 수학여행 시작이다.

우리는 대구에서부터 약 두 시간 이동해서 진주성에 도착했다. 김시민 장군께서 임진왜란 때 대승을 거두셨던 진주성. 가까이서 보니 정말 거대했다. 우리는 손에 쥐어진 미션지를 수행하기 위해 진주성으로 천천히 발을 들였다. 미션은 의외로 간단했다. 미션지에 인쇄된 사진 속 건물의 이름을 적고, 진주성 내에 있는 여러 기념비와 전시품 등의 설명으로 이루어진 십자말풀이를 하는 것이 다였다. 우리는 맨 처음 그것을 보고 살짝 안심했다. 하지만 그것은 잠시뿐이었다.

아이들이 올라가서 뛰어놀던 촉석루, 의기사와 옆에 있던 쌍충사적비, 조금 더 오른쪽으로 올라가면 있던 의암까지는 모두 쉽게 찾을 수 있었다. 그런데 불행하게도, 마지막 문화재였던 서장대는 아무리 돌아다녀도 보이지 않았다. 그렇게 발길가는 대로 진주성 안을 돌아다니던 우리는 도중, 김시민 장군께서 약 3800여 명의 병사만으로 왜군의 2만 대군을 격퇴하고 전사하셨다는 글이 한 비석에 적혀있는 것을 보았다. 이 글을 보고서 나는 진주성의 소중함과 김시민 장군님에게 감사의 마음이 들었다. 진주성에서 우리는 마지막으로 박물관에 들어가 보려고 하였으나, 사람이 너무 많은 관계로 아쉬운 발걸음을 돌리고 점심식사를 하러 가야만 했다. 점심은 갈비탕이었다.

우리는 다시 차를 타고 1시간가량 이동하여 차(茶)박물관에 도착하였다. 건물의 외관은 미래 지향적인 원형 돔으로 멋지게 만들어져 있었다. 건물 안은 조용하였다. 마치 천문관측소를 만들려다가 차박물관이 된 느낌? 그랬었다. 차박물관에 들어가서는 간단히 차 시음을 하고(과자가 맛있었다.) 영상실에 들어갔다. 영상이 끝날 듯 안 끝나서 생각보다 보는데 많은 시간이 걸렸다. 사실 어떠한 이유가 있긴 하다. 다음에는 차와 관련된 도자기와 책을 전시해 놓은 곳으로 갔는데, 옆에서 내 친구인 강동훈이 계속 사진 찍어달라고 뭐라 해서 제대로 보지는 못하였다.

미래지향적인 건물을 탐방하고 난 뒤, 우리는 직접 녹차를 만들러 건물에서 우측에 있던 차 만들기 체험소로 이동했다. 녹차는 생각보다 만드는 데에 굉장히 많은 정성이 들어가야 했다. 손으로 휘젓고, 섞어주고, 말려주고. 녹차가 비싼 이유를 그제서야 새삼 깨닫게 되었다.

약 30여 분가량 열심히 녹차들을 휘저어 팩에 담아주고 나서는 드디어 원하던 숙소로 이동할 수 있었다. 이때도 이동하는데 꽤 많은 시간이 걸렸다.

숙소에 도착했다. 느낀 점이 있냐고 묻는다면 다리가 매우 아프다고 대답해 줄 수 있다. 약 300명의 학생이 한꺼번에 리조트에 발을 들이니 뭐, 엘리베이터가 제구실을 할 리가 있나. 계단으로 올라왔다. 우리 숙소는 501호였다. 뭔가 위치가 불길했다. 기분 탓이겠지. 방에 들어가자마자 가방을 던져놓고, 어머니들께서 준비해주신 상자를 들여왔다. 상자를 열자, 이틀 동안 먹기에는 과분하다는 생각이 들 정도로 과자와 음료수들이 가득 차 있었다. 당장 먹고 싶었지만, 저녁 먹으러 오라는 소리에 그 마음을 잠시 접어 두고 식당으로 이동했다. 밥은 뭔가 마음에 들지 않았다.

그렇게 대강 저녁을 먹고 숙소에 와서 우리는 놀았다. 배게 싸움을 하려고 했지만, 내가 중재해서 물건이 파손되거나 하는 불상사는 다행히도 일어나지 않았다.

그렇게 놀던 중, 우리는 무언가가 잘못되었다는 것을 느꼈다. 벨이 계속 울렸다. 30초 간격으로 울리는 벨 소리는 정말 신경에 거슬렸다. 엘리베이터의 바로 옆에 위치하다 보니, 애들이 지나가면서 장난으로 한 번씩 눌러보는 듯했다. 초반에는 신경질적으로 반응했지만, 이튿날이 되니 저것도 익숙해졌다. 우리는 포기하고 그냥 지내기로 했다. 그 외 노래방도 가고 볼링장도 갔다. 노래방에서 귀가 조금 아프긴 했다. 너무 못 부른다. 객관적으로 볼 때.

숙소에서의 둘째 날은 치킨을 시켜먹은 것 외에는 딱히 없기에, 언급은 하지 않겠다.

이튿날 나는 새벽 2시에 잠들어 지친 몸을 이끌고 아침을 먹으러 식당에 갔다. 그런데 식당에 들어서자마자 자연의 향기가 풍겨왔다. 마치 불을 발견하지 않고 문명이 진화했다면 이런 식사를 하였겠나 싶을 정도였다. 아침 식사를 하고 우리는 죽녹원으로 가려고 했으나 실패했다. 아침부터 5m 앞이 내다보이지 않을 정도의 안개 때문에, 우리는 대나무박물관을 갔다.

그 후, 곡성 레일바이크에 도착하였다. 처음에는 신나고 재미있었다. 그러나 뒤로 갈수록 다리와 엉덩이가 아파왔다. 게다가 앞쪽에 레일바이크는 좌석 네 개 중 두 개의 페달이 작동하지 않아 느리게 갔다. 바이크를 다 타고 나서 우리는 지칠대로 지친 몸을 이끌고 숙소에 도착했다. 점심은 일식집에서 제육볶음을 먹었다. 왜 일식집에서 제육볶음이?

숙소에 도착한 우리는, 잠시 쉬다 금호리조트 내의 워터파크에 갔다. 워터파크 내부에서보다는 탈의실 락커키가 더 신기하였다. 열쇠가 아니고 바코드로 찍으니까 열리던데. 딱히 워터파크에서 한 일은 없어서 적을 만한 게 없다. 우성훈 선생님이 아이들한테 계속 공격을 당하던 걸 목격한 것을 제외하면.

워터파크에서 씻고 나와, 조금 쉬다가 우리는 저녁을 먹으러 갔다. 밥이 어제랑 비슷했지만 기분 탓이겠지. 절대 리조트 밥을 싫어하는 것이 아니다. 객관적인 입장에서 바라본 것이다.

그렇게 저녁을 먹고 난 후, 우리는 우리 방에 들어가 그냥 뒹굴었다. 아마 수학여행에서 가장 조용했던 방 다섯을 뽑자면 그 안에 들어갔을 것이다. 그렇게 둘째 날 밤은 그냥 평화롭게(?) 지나갔다. 레크리에이션 빼고.

셋째 날, 우리는 아침(이 전날 아침이랑 달라진 게 하나밖에 없다!)을 먹고 낙안읍성으로 향했다. 낙안읍성으로 들어가기 전, 우리는 먼저 뿌리깊은 나무박물관에 들어갔다. 생각보다는 여러 전시품이 많이 있었다. 그중 가장 기억에 남는 것은 역시 〈불휘기픈 나무〉인 것 같다. 물론 벽에 쓰여진 글씨였지만 말이다. 대동여지도와 다른 전시품들도 다 잘 살펴보았다.

박물관을 둘러본 우리는 옆에 있던 낙안읍성으로 갔다. 진주성보다 더 거대한 것 같았다. 그리고 진주성에 있는 것은 대부분 문화유산과 전시품들이었다면, 낙안읍성에는 체험코스와 상점이 많았다. 낚시, 염색 등과 같은 수십 개의 체험코스들과 전통놀이, 그네와 같은 시설들까지 놀이동산에 온 기분이었다. 게다가 건물이 모두 옛날 모습을 하고 있어 마치 그 당시 그대로(물론 아이스크림 같은 건 빼 줘야겠지만) 옮겨 놓은 듯한 느낌이 정말 마음에 들었다. 원래는 낙안읍성에 관한 미션지가 있었지만, 깜빡하고 차에 두고 와서 수행하지 못했다. 그래도 여러 전통문화에 대해 직접 체험해 볼 수 있는 좋은 시간이었다.

낙안읍성을 구경하는 시간이 그리 짧은 시간은 아니었지만, 어느

새 훌쩍 지나가 버려 아쉬움을 남긴 채 발걸음을 옮겨야 했다.

우리는 근처의 한정식집에 갔다. 그런데 한정식집이 이번에는 배식을 하였다. 조금 당황했지만, 한 번에 많은 사람이 몰리면 어쩔 수 없기에 그냥 먹었다. 국이 조금 짰지만 맛은 있었다.

점심을 먹은 후, 우리는 꽤 오랜 시간을 버스로 이동하여 하동 최참판댁에 도착하였다. 최참판댁은 이름에서부터 알겠지만, 옛날 조선시대의 집을 그대로 재현해 놓은 곳이라고 한다. '최참판'은 박경리의 소설 『토지』 속의 가상 인물이다. 최참판댁을 방문할 때는 주의해야 할 것이 있다. 매우 힘들다는 것. 우리는 레일바이크로 아파오는 다리를 이끌고 저 먼 꼭대기를 향해 걸어갔다.

최참판댁을 가는 길에 여러 초가집도 있었다. 그곳에도 매와 모형 사람, 소 등이 있었다. 초가집에서 조금 더 올라가니 드디어 최참판댁이 보였다. 아름다운 기와와 나무문양이 우리 한옥을 잘 살려놓은 듯하였다. 그런데 우리랑 똑같이 15살이라고 이야기해서 조금 놀랐다. 새로 지을 거면 조금 아래쪽에 지어줬으면 좋겠는데. 최참판댁 내부에는 여러 전통놀이가 있었다. 굴렁쇠, 윷놀이, 제기차기, 다듬잇돌(?) 등 작은 공간 안에 많은 것들이 있었다. 심지어 이곳은 영화촬영지로 유명하기도 한데, 최근에는 '육룡이 나르샤'도 찍었다고 했다.

그렇게 마지막 관광지를 둘러본 우리는 고속버스를 타고 다시 두 시간가량을 달려 코스트코에 도착하였다. 그렇게 나의 수학여행은 끝이 났다.

이번 수학여행은 방문했던 장소가 장소이니만큼 모두가 느낀 점이 다 있을 것이라 생각한다. 그중 내가 생각했던 것이 있다면 과거에는 흔히 존재하였던 것일지라도 현대로 넘어오게 되면 소중한 가치를 지닌 명소, 혹은 문화유산이 된다는 것이다. 그러니 앞으로는 전통을 잘 보전하고, 지금의 환경을 깨끗하고 아름답게 만들어 미래의 후손들이 전통을 체험할 때, 당당하게 자랑할 수 있는 그런 사회가 되었으면 좋겠다.

이번 여행을 다녀와서 나는 전라남도의 여러 특산품, 명소 등에 대해 잘 알아 볼 수 있었고 친구들과 함께 생활하면서 즐거운 추억을 만들었던 것 같다.

4

책에서 물어 볼게요

이상화 시인의 봄

구홍빈(1학년)

지금은 남의 땅—빼앗긴 들에도 봄은 오는가?
나는 온몸에 햇살을 받고
푸른 하늘 푸른 들이 맞붙은 곳으로
가르마 같은 논길을 따라 꿈속을 가듯 걸어만 간다

작년 겨울, 중구 근대골목 투어 때 이상화 고택과 서상돈 고택을 둘러보았다. 길거리 벽면에 그려진 이상화 시인의 초상화도 가끔 보아서 나름 잘 알고 있다고 생각했다. 하지만 대구가 고향이고 항일 저항 시인이라는 게 내가 알고 있는 이상화 시인에 대한 전부였다. 그래서 「빼앗긴 들에도 봄은 오는가」라는 시를 다시 한 번 읽고 전기를 읽어 보았다.

일제 강점기에 태어난 이상화는 아버지가 여덟 살 때 돌아가셨지만, 서당을 다니고 열다섯에는 서울중앙학교에 다니며 넓은 세상을 경험하였다. 어릴 때 친구들과 공차기를 좋아했고, 서울중앙학교에서는 야구부에서 주전 투수로 활동했다고 하니, 이상화는 시도 잘 쓰고 운동도 잘하는 학생처럼 보인다.

신입생이 야구부 주전 투수가 되기까지 '어디에 가든 주인 노릇하고 어디에서든 진실하게 최선을 다하자(隨處作主 立處皆眞). 나의 삶은 내가 꾸려가는 것이 아닌가?'라는 마음가짐으로 연습했다는 이상화를 보면서 자기 인생을 책임지고 노력해나가는 참 멋진 사람이라는 생각이 들었다.

어릴 때 이상화의 형 이상정이 뽕나무에 관련된 이야기를 해준다. 옛날 중병이 든 아버지에게 백 년 먹은 거북이를 삶아 먹으면 낫는다는 처방을 들은 효자가 있었는데, 어느 날 거북이를 잡았다. 거북은 스스로가 강한 존재라 삶아도 죽지 않으니 놓아 달라고 했고, 뽐내는 거북이의 말을 듣고 있던 뽕나무도 자기는 세상에 못 삶을 것이 없다고 큰소리를 쳤다. 이 말을 들은 효자는 뽕나무로 장작을 베어다가 거북이를 삶아 아버지의 병을 말끔히 낫게 해 드렸다는 이야기였다.

"쓸데없는 말 한마디에 뽕나무와 거북이 모두 생명을 잃었으니, 우리는 살면서 말을 아껴야 한다."

형 이상정은 네 살 차이가 나지만 아버지를 대신해 동생을 돌보고 가르치는 의젓함이 멋있었고, 나도 말을 아끼고 동생을 좀 더 잘 보살피는 형이 되어야겠다는 생각이 들었다.

일제강점기라는 힘든 시기에 태어난 이상화는 동지, 친구들과 독립운동을 하며 많은 문학 작품을 남겼다. 힘든 감옥살이 이후에는 망가진 몸 때문에 작품 활동을 활발히 못했지만, 끝까지 학생들을 가르치며 시를 발표하기도 했다. 힘들게 일하는 사람들을 위해서 시를 지어 바치기도 했고, 함께 시를 쓰다 요절한 친구 이장희 시인을 기리는 시를 짓기도 하였다.

'무량, 상화, 중국에 가서 지은 상화, 백아'라는 네 개의 별호를 갖고 있을 만큼 힘들고 다양한 인생 역정을 가진 이상화의 시인의 전기를 읽으면서 내가 살고 이 시대에 태어난 것을 정말 감사하고 다행이라 생각하게 되었다.

1943년 이상화가 위암으로 세상을 떠났을 때, 많은 친구들과 문인들이 슬퍼했으며, 달성공원에 우리나라에서 처음으로 이상화 시비도 세웠다고 한다.

책을 다 읽고 나니, 평생 독립 운동과 우리나라 문학 발전에 기여한 이상화 시인의 인생은 정말 멋졌고 하루도 시간을 낭비하지 않은 부지런한 삶을 산 사람이란 생각이 든다.

1945년 '빼앗긴 들에 봄이 오는' 첫 시작, 해방을 맞이하지 못하고 떠난 게 정말 아쉽다.

이상화 고택이 있는 계산동과 달성공원, 두류공원, 신암선열공원, 망우공원에 이르기까지, 다시 찾을 때는 일제강점기에 나라의 독립운동에 평생을 바친 열사들의 정신을 꼭 되새기면서 천천히 둘러봐야겠다.

『갈매기의 꿈』을 읽고

강동훈(2학년)

나는 미래에서의 인생의 길에 대해 관심이 있었고, 현재 내 나이에 나타나는 사춘기를 어떻게 극복할 수 있을지 자주 생각했다. 이런 생각을 하는 나는 리처드 바크의 『갈매기의 꿈』을 읽게 되었다. 책을 다 읽고 덮었을 때 이 책은 나에게 많은 도움이 되었다. 갈매기의 꿈은 조나단의 이름을 가진 갈매기가 실패하여도 또다시 도전하고 무리에서 쫓겨났을 때도 절망을 하지 않는 희망적인 이야기이다.

이런 내용을 가진 이 책은 우리 또래의 사춘기, 혹은 아직 사춘기를 겪지 못한 학생들에게 추천하고 싶다. 사춘기 학생들은 많은 절망을 하고 실패를 한다. 지금까지는 누구나 겪는 사항이다. 하지만 여기서 이런 슬픔을 만나고 포기하는 학생들이 많다. 내 생각에는 사춘기는 누구나 겪는 사항이지만 사춘기를 극복하는 것이 가장 중요한 것 같다. 조나단은 가장 빠르고 높이 날기 위해 최선의 노력을 했다. 하지만 그는 번번이 실패하였고 더구나 무리에서 쫓겨나기도 했다. 하지만 조나단은 거기서 멈추지 않고 계속해서 시도하여 결국 성공했다. 이처럼 우리도 이 책에 나오는 조나단처럼 포기하지 않는 힘이 있어야 한다고 생각한다.

또한 우리 또래는 자신이 좋아하는 것이 무엇인지 알아야 한다. 조나단이 끝까지 포기할 수 없었던 이유는 나는 것을 진심으로 좋아했기 때문이다. 따라서 나는 이러한 조나단의 모습을 보고 많은 것을 느꼈다.

나는 이러한 생각을 하고 나서 사춘기에 대하여 선생님들과 학생들의 의견이 궁금하여 설문조사를 해봤다. 선생님에게 '학생들이 대부분 사춘기라고 생각합니까?'라는 질문을 했는데 '예' 50%, '아니요' 50%가 나왔다. 나는 '예'가 거의 대부분을 차지할 것 같았는데 의외였다. 이 조사를 통해서 사람마다 사춘기의 기준은 다르다고 느꼈다. 학생들에게는 '자신의 친구가 사춘기라면 어떻게 할 것입니까?'라는 질문을 했다. 그 결과 '상관하지 않을 것이다'가 48%로 독보적으로 1위였다. 이 부분에서 나는 사춘기 학생들은 서로 도우면서 자라야 한다고 생각한다. 물론 다른 친구의 일이지만, 자기도 사춘기를 겪을 것이고 서로 이해하면서 친구들을 서로서로 도와주면 사춘기 과정을 더욱 쉽게 극복할 거라고 생각한다.

그리고 청소년기를 보내는 사춘기 학생들은 지금 세대에서 가장 빠르게 다른 문화를 수용하고 개방적인 모습을 가지고 있다. 따라서 지금 시기에 자신의 꿈과 목표를 생각하고 고민해야 한다고 생각한다. 이 책의 어느 한 페이지에 '삶의 의미와 더 차원 높은 목적을 추구하고 따르는 자보다 더 책임 있는 갈매기가 대체 누구란 말입니까?'라는 말이 있다. 이 말처럼 사춘기에서 슬픔으로 인해 좌절과 실망을 하지 말고 자신의 삶의 의미를 찾고 자신이 진정으로 원하는 것이 무엇인지 찾는 것이 더욱 중요하다고 본다.

또한 이러한 생각을 하며 사춘기 생활을 하면 우리 일생에 딱 한 번 있는 사춘기 인생을 더욱더 알차게 보낼 수 있을 것이다. 사춘기는 모든 사람들이 다 겪는 것이고 그것을 어떻게 극복할 것인지가 중요하다. 나를 포함한 사춘기를 겪고 있는 학생들이 이 책을 읽고 사춘기를 의미 있게 보내면 좋겠다.

『게토의 색』을 읽고

김진형(2학년)

처음 책을 고르며 『게토의 색』이라는 제목을 보았을 때, 어떤 내용인지 전혀 짐작할 수가 없었다. 호기심으로 책장을 넘기니 한 도시의 모습이 보였고, 한 장 더 넘기니 쓰러져 있는 사람을 볼 수 있었다. 그리고 첫 번째 글은 "1939년 9월 1일 독일군이 폴란드를 침공했다"였다. 세계 2차 대전! 그 당시 머리에 스치는 생각은 그것 하나였다. 그리고 자동적으로 이 책을 읽기 시작했다.

책 속에서 폴란드는 독일에 의해 침략 당했고 나치는 전염병을 구실로 게토라는 유대인 강제 거주 지역을 만들어 유대인들을 그 곳에 가두었다. 그 곳에서는 식량조차 제대로 공급받지 못했다. 사람들은 죽어갔고 살기 위해 주인공 미샤를 비롯한 몇몇 사람들은 게토 밖으로 나가 먹을 것을 찾아 다녔다. 하지만 그것을 알아챈 독일 군사들은 그 사람들을 찾아내서 죽인다. 죽음의 두려움 가운데 있던 미샤 대신 먹을 것을 가지로 간 동생 야니나는 다시는 돌아올 수 없게 된다.

시간이 지나고 1942년 여름 많은 유대인들을 다른 곳으로 재배치를 당했다. 처음 농촌 마을이라고 알려졌던 것에 반해 그 곳은 강제수용소였다. 주인공은 자신에게 다가올 죽음에 대해 다시 두려워했다. 그 때 주인공은 모르드카이 아니엘레비치라는 한 청년을 만나게 된다. 그는 독일군에 대항하여 싸울 준비를 하고 있었다. 주인공은 두려움에 떨기 보다는 그들과 함께 싸우기로 결정하고 독일군에 대응하기 시작했다. 처음부터 살기 위한 싸움이 아니었기 때문에 독일군의 공격 하나에 주인공과 한 사람 외에는 살아남지 못했다. 그 둘은 게토의 사람들을 알리기 위해 게토를 떠났다.

나는 책을 다 읽고 잠시 아무것도 할 수 없었다. 소설이라 허구인 부분이 있지만, 내가 밟고 서 있는 지구에서 이런 일이 있었다는 것을 받아들이기 힘들었다. 과거 유대인들은 어떤 삶을 살았을까를 생각할수록 죄책감이 느는 것 같았다. "알아서 좋을 것 없어" 일상에서 자주 듣던 말이다. 이 상황이 그런가? 잠시 생각하려다 바로 그만두고 내가 얼마나 어리석은지 반성했다.

받아들이기 힘든 정보라 해서 들어서 좋을 것 없는 것은 절대 아니었다. 잘못된 가치관 속에서 우물 안 밖을 모르는 개구리가 되기 보다는 세상에 대해 알고 잠시 우왕좌왕하는 개구리가 100배는 나은 것 같기 때문이었다. 무엇보다 그 우물이 언제까지 지속될지 모르기 때문에. 역사는 혹독한 현실이라는 질병을 위해 미리 맞는 예방 주사 같은 것이 아닌가 생각해 본다. 특히 이 역사는 기억해야 마땅하다고 느껴진다.

그리고 이 책의 제목인 『게토의 색』처럼 그들의 색을 기억해야 할 것 같다. 열정의 붉은색, 자연의 초록색이 아닌 검은색으로 가득 찬 게토의 모습을 말이다. 내 생각에는 삽화에서 볼 수 있듯이

다채로운 색의 앵무새가 떠나고 검은색으로 찬 곳, 희망의 웃음 없이 어둡고 두려운 표정만으로 가득 차 있었던 죽음과 불행의 색을 가진 그 곳의 색을 기억하기를 원한다. 그리고 그 색이 다시는 역사 속에서 나오지 않기를 바란다.

역사는 반복되지만 100% 반복은 아닐 것이다. 적어도 나는 그렇게 믿는다. 제발 검은색으로 가득 찬 역사가 반복되지 않기를 간절히 바란다.

『늑대소년 다루』를 읽고

강민성(2학년)

이 책의 제목은 『늑대소년 다루』다. 늑대가 나오는 것도, 늑대로 변하는 소년이 등장하는 것도 아닌데 왜 제목이 왜 늑대 소년 다루인지 참 궁금했다. 그냥 늑대 소리를 잘 내는 다루라 해서 늑대 소년 다루라니, 정말 실망이었다. 하지만 제목을 곱씹어 보면서 나는 예전의 '나'의 모습을 떠올려 보며 머리를 '탁!'하고 치는 느낌을 받았다. 내 어린 시절을 생각해 보니 그때의 나야말로 늑대 소리를 따라 하기 바쁘지 않았나 싶기 때문이었다.

이 책을 읽으면서 나는 계속해서 '나도 한때 여기 다루처럼 순수한때가 있었지…….'라는 생각을 했던 것 같다. 물론 나는 사춘기가 아닌 것 같았지만, 그때의 내 모습과 지금의 내 모습을 비교해 보면 참 나도 많이 변했다는 생각이 든다. 왜냐하면 내 성격도 얼굴도 많이 변했기 때문이다. 내가 생각하는 것뿐만 아니라 다른 이들도 나의 변화를 눈치채고 있는 것 같다. 오랜만에 만난 학원 선생님이나 친척 어른들이 날 보면서 많이들 "너 어릴 때는 볼살도 통통하고 귀여웠는데"라고 말씀하시는 것을 보면 말이다. 지금 생각해 보면 정말 재미있다. 늑대 소년 다루에 나오는 다루는 나의 어릴 적

시절과 많이 비슷하다. 물론 우리 집이 다루처럼 가난하지는 않았지만 동물을 좋아하고 체험할 수 있는 많은 곳을 돌아다녔고, 혼자 지냈던 시간도 많았었다. 책의 다루의 모습을 보면서 지난 나의 생활을 반성하기도 했던 것 같다. 그래서 그런지 '내가 그때로 돌아갈 수만 있다면 얼마나 좋을까?'라는 생각도 많이 했던 것 같다.

이 책에는 또 다른 주인공이라 할 수 있는 다루의 절친 케르가 등장한다. 몸은 개라고 하지만 사람을 대하는 태도나 생각은 웬만한 사람보다 낫다고 생각한다. 이런 장면을 보면 나도 개를 키우고 싶다는 생각이 물밀 듯 밀려온다. 그리고 이 책을 보면 개에 대한 사람들의 인식이 확 바뀔지도 모를 것 같아서 다른 사람들에게 꼭 읽어 보라고 이야기 하고 싶다. 나는 이 책을 읽으면서 나의 어린 시절과 지금 나의 모습을 생각했는데 내 친구들은 어떻게 생각할지 궁금하다. 그렇기에 더더욱 내 친구들에게 이 책을 읽어 보라고 말하고 싶다.

정말 이 책을 읽으면서 다시 순수하기만 했던 내 모습을 떠올릴 수 있어서 흐뭇했다. 그 누군가가 보면 아직 철없는 소년이 철든 것 같은 소리를 하고 있어서 우스울지도 모른다. 혹은 훗날 커버린 내가 중학교 2학년 시절 '내가 참 순수했었지'라고 외치는 소리에 부끄러워 밤잠을 설칠지 모르겠다. 그래도 지금 느껴지는 마음 그대로 소설의 내용이 재미있어서 좋기도 했지만, 이 소설을 읽고 나의 모습을 더 떠올려 볼 수 있다는 점에서 정말 좋았다. 그래서 나는 이 책을 모두에게 권장하고 싶다. 왜냐하면 내가 봤던 소설 중에서 나 자신을 가장 많이 깨닫게 해주는 책인 것 같기 때문이다.

우정의 의미

성종훈(1학년)

우정의 의미를 알고 싶다. 3년째 학교에서 같은 반이 되어서 매일 얼굴도 보고, 장난도 치고, 또 방학 때는 연락도 한다. 하지만 매일 얼굴을 보고, 더 많은 대화를 하고, 더 많은 시간을 보내는 사람들도 많을 것이다. 하지만 나는 그 사람들의 속을 알 수 없다. 우정은 인간들에게 마음의 안정은 주지만, 물리적으로 이득을 주지는 않는다. 하지만, 사람들은 우정을 중요시 여긴다. 나도 마찬가지인 것 같다.

『우정 지속의 법칙』은 작가가 그동안 친구들과의 관계를 바탕으로 우정을 깨지 않고 친하게 지내는 방법을 소개한다. 작가가 말한 법칙으로는 불쑥 찾아가자, 줄기차게 만나자, 둘 만의 것을 공유하자, 소중한 것을 아낌없이 내주자, 약속을 꼭 지키자, 함부로 대하지 말자, 잘못을 인정하자, 잘못을 알려 주자, 모두가 외면할 때 손을 내밀자, 함께 가자, 함께하는 '지금'을 즐기자 등 누구나 들으면 알 수 있는 것을 적었다.

사람들은 누구나 친구가 한 명씩 있고, 그 친구와 친해지려 노력하기도 한다. 하지만 친구와의 우정을 지키기는 쉽지 않다. 누구나 알고는 있지만 실천하기는 무척 어려운 일들은 많다. 그래서 그런지 작가는 누구나 알고는 있지만 실천하기는 무척 어려운 일들을 예로 들었다. 그리고 그 예를 통해 친구와의 우정에서 어떻게 해야 하는지 알려준다. 나는 아직 청소년이라서 모르겠지만, 성인들도 아마 친구에 대한 우정에 대해서 생각을 해봤을 것이다. 점점 나이가 늘어나면서 친구가 줄어들 것이고, 또 친구에게 소홀히 대할 것이다. 그래서 이 책을 읽고 친구의 소중함을 느꼈으면 좋겠다.

나는 매일 다른 친구들이 먼저 말을 걸어주길 원했고, 설령 친구들이 나에게 말을 걸어주지 않아도, 그만이었다. 하지만 이 책을 읽고 나는 그것이 잘못된 것이라는 것을 알았다. 그래서 중학교 입학식 때도 같은 학교를 나온 아이들끼리 노는 사람이 있지만, 계속 친구들에게 말을 걸며 친해지고 금세 학교에 적응하는 아이들도 있다. 나는 당연히 같은 초등학교에 나온 친구와 말을 하다 어느새 우리 반 아이들과 친해져 있었다.

나는 지금 이 순간, 나의 나이 때가 제일 중요한 것 같다. 내가 나중에 어른이 되고 후회하지 않도록 노력해야 하니깐. 그래서 나는 지금도 노력 중이다. 하지만 사람의 욕심은 수없이 많아서 그런지 내가 나이가 들어도, 지금의 나를 그리워할 것 같다. 하지만 그때는 벌써 시간이 지난 후이고 아무리 지금 이 순간이 좋아도, 다시 돌아오지 않는다. 이미 나이가 먹었을 것이니, 그때는 돌아갈 수 없을 것이다. 이 책을 읽어도 우정에 대한 정확한 의미는 잘 모르겠다. 하지만 우정이 소중하다는 것은 확실하다.

5

괜찮아, 나도 그랬어

영상이의 사춘기

이영상(3학년)

12세에서 16세 사이의 청소년기에 나타나는 사춘기는 육체적, 정신적으로 성인이 되어가는 시기이다. 이 시기에는 성호르몬의 분비가 증가하여 2차 성징이 나타나고 심리적 변화가 나타난다. 심리적 변화에는 외모에 관심이 많아지고, 이성에게 관심이 늘어나고 혼자 있고 싶어 한다. 그리고 감정의 변화가 심하다. 이런 변화 가운데 중2병이 있다.

중2병의 개념이란 사춘기 청소년들이 흔히 겪는 심리적 상태를 빗대 말하는 것으로 자신은 남과 다르다거나 남보다 우월하다는 등의 착각에 빠져 허세를 부리는 사람을 일컫는 인터넷 속어다. 발달심리학 및 교육학적인 측면에서는 중2병을 중학교 2학년 언저리의 청소년들이 자아 형성 과정에서 겪는 혼란과 불만, 반항적인 심리상태라고 보고 있다. '병'이라는 단어를 담고 있지만, 실제 치료가 필요한 의학적 질병이나 정신 질환은 아니다. 사춘기에 자연스럽게 나타나는 반항과 멋 부리기 성향을 말한다.

중2병의 배경은 1999년, 한 라디오 프로그램에서 진행자가 중2병을 언급한 데서 유래하였다. 한국으로 건너온 뒤에는 의미가 변질되어 연령대를 불문하고 그러한 행동을 하는 사람을 비하하는 명칭으로 사용되고 있다.

중2병의 원인으로는 첫째, 학업 및 성적이 있다. 자아가 나타나기 시작하는 중학교 시절부터 고교입시 등에 대한 스트레스를 받으면서 지나친 자신감 등으로 왜곡돼 나타나기도 한다. 둘째, 왕따, 따돌림 등 교우관계의 불화로 인한 스트레스가 변질되어 나타나기도 한다. 셋째, 유아기~아동기 때 겪은 안 좋은 기억들이나 부모에게서 충분한 사랑을 받지 못해서 생긴 애정결핍이 중2병으로 발전할 수도 있다. 넷째, 특정 소설이나 애니 등을 과도하게 많이 봐서 그 내용이 마치 현실인 마냥 착각하거나 망상하게 되면서 중2병으로 발전할 수 있다.

중2병의 증상으로는 첫째, 내가 가장 멋있다고 생각한다. 남들보다 우월하다는 생각에 빠져 산다. 둘째, 가장 소중히 대해야 할 사람들에게 막 대한다. 셋째, 감정 기복이 심하다. 웃다가도 어느 순간 갑자기 화를 낸다. 또 바로 사과하고 자책하기를 반복한다. 넷째, 타인에게 어떻게 보일지 신경 쓴다. 폼에 살고 폼에 죽는 폼생폼사. 다섯째, 무언가를 계속 과시하려 든다. 화제의 중심이 되고 싶어 해 무언가를 계속 과시한다. 여섯째, 미래에 대한 막연한 자신감이 있다. 남이 사고가 나거나 병에 걸려도 자신과는 상관없는 문제라고 생각한다. 노력도 하지 않고 될 거라고 생각한다.

중2병을 극복하는 법은 사춘기를 극복하는 것과 같이 자신이 무엇을 할 때, 편안함을 느낄 때 예를 들면 좋아하는 음악을 반복해서 들을 때, 좋아하는 TV 프로그램을 볼 때 등 편안함을 느끼는 일에서 재미를 찾아보는 것이 좋다. 그러나 너무 집중해서 빠져드는 건, 상태가 더 안 좋아질 수 있기 때문에, 스트레스 받지 말고, 좋아하는 걸 조금씩 찾아서 해보는 게 도움이 될 수 있다. 하지만 사춘기나 중2병이나 대부분 시간이 지나면 감정변화의 기복도 줄어들고 반항적인 기질도 점점 줄어들기 시작한다.

마지막으로, 중2병이나 사춘기는 일종의 '병' 같은 것이 아니라 자연스러운 것이라는 것을 알고 가길 바란다.

세호의 사춘기

김세호(3학년)

누구든지 한 번쯤 뉴스에서 사춘기 소년, 소녀들의 일탈 장면을 본 적이 있을 것이다. 사춘기 시절의 일탈은 누구나 한 번씩 생각해 볼 수 있고, 주변에서 직접 본 적이 있을 것이다. 이러한 일탈이 사춘기에서부터 시작되는 것은 아니지만, 사춘기가 어느 정도 영향이 있기는 한 것 같다. 이제 사춘기에 대해서 알아보자.

사춘기는 몸이 성숙해지고 남자 같은 경우에는 목에 변성기가 오며 감수성이 풍부해져서 혼자 있는 시간을 좋아하게 된다. 그리고 자아의식이 높아지고 어른들에 대한 반항심이 증가하며 성격이 까칠해진다. 사춘기 시기는 보통 12~16세이니 지금 성광중학교를 다니고 있는 학생들은 사춘기를 겪고 있을 것이다. 만약 평소에 친했던 친구가 어느새 까칠해지거나 혼자만의 시간을 가지고 싶어 한다면 그 친구는 사춘기의 영향을 받고 있는 것이다. 그러므로 혼자만의 시간을 가지고 싶어 하는 친구와 대화를 시도하려면 까칠한 대답이 돌아와도 끝까지 편안하게 말할 수 있게 배려하고 최대한 자존심과 심기를 건드리면 안 된다.

사춘기는 자신이 크면서 누구든지 한 번씩 겪어본 성장 과정 중

하나이다. 그러니 사춘기 때문에 감정 기복이 심하더라도 그러한 기복을 자신이 조절하여 친구, 부모님과의 관계를 금이 가지 않도록 하는 것이 사춘기를 조금이나마 극복 하는 방법인 것 같다.

나는 과거에 『사춘기, 그놈』이라는 책을 읽었다. 주인공인 '파블로'가 사춘기인 상황에서 아버지에게 대들고 혼난 후에 심란한 마음으로 잠든다. 다음날 일어나 거울을 보니 '그 놈'을 보게 되었다. 여기서 그 놈은 사춘기다. 그 놈(사춘기)의 특성은 부모님, 친구와의 원만한 관계를 필요로 하고, 자신의 약점을 끌어낼 수 있으며, 사람들과 즐겁게 활동을 하고 있을 때는 다가오지 않는 그런 존재이다. 이 책을 보면 사춘기에 빠진 아이들에게 관심을 주어 외로움에 빠지지 않게 도움을 주어야 한다는 것을 알 수 있다. 특히 우리 같은 학생들은 사춘기에 빠진 아이를 서로 도움을 줄 수 있는 환경을 형성해야 한다.

우리 모두 사춘기에 대해 알아보았으니 건전한 사춘기를 보내도록 노력하자.

승담이의 사춘기

한승담(3학년)

흔히 말하는 사춘기는 사전적 의미로는 '육체적·정신적으로 성인이 되는 시기'라고 명시되어 있고, 보편적으로 우리가 인식하는 바로는 '질풍노도의 시기', 혹은 '주변인'이라고도 불리며 급격한 신체적 변화와 정서적 변화로 인해 가족을 포함한 주변인들과의 충돌이 잦아지고 자아 정체성에 대해 고민하는 시기라고 한다.

남자는 보통 12세, 여자는 10세 전후로 사춘기가 시작된다고 한다. 나 스스로 삶의 일대기를 돌아보았을 때 나는 비교적 순탄하게 사춘기를 넘긴 듯하다. 하지만 올해 초등학교 6학년이며 내년에 중학교 1학년이 될 여동생은 지금 사춘기를 겪고 있다.

매우 급격한 감정 변화와 전형적인 사춘기 증상을 동반하고 있다. 부모님은 매번 "사춘기잖니"하며 동생을 이해하라고 하신다. 나는 그럴 때마다 "재가 사춘기면 나는 오춘기"라고 했다. 어쩌면 나는 내 동생을 이해하지 못했던 게 당연했을지도 모른다. '동병상련'이라는 말이 있듯이 처지가 다를 때는 서로를 이해하기 힘들지만, 일단 처지가 같아지면 다른 사람의 마음을 쉽게 이해할 수 있다는 것이다. 처지가 달랐기 때문인지 나는 내 동생을 이해하려고 하지 않았다. 언제나 그릇된 것을 바로잡아주려고만 했고 그것이 옳다고 생각했다. 하지만 동생은 점점 더 심한 감정 변화를 겪었다. 때로는 집안에 냉기가 가득했다. 마치 부모님과 대판 싸운 후 방문을 닫고 난 후의 느낌과 같았다. 아니나 다를까, 동생과 어머니가 심한 말다툼을 했다. 그런데 신기했던 점은 학원을 다녀온 후, 내 동생과 어머니는 언제 그런 일이 있었냐는 듯 웃으며 대화를 하고 있었다. 대화를 들어보니 오늘 있었던 일과 그에 대한 내 동생의 생각을 어머니께서 듣고 계셨다. 그때 무언가 생각난 것이 있었는데 그것은 바로 답답한 마음을 푸는 것에 있어서 가장 좋은 방법은 솔직히 터놓고 대화를 나누는 것이었다. 실로 매우 놀라웠다. 남자들은 주먹다짐을 하고도 빨리 화해를 하지만 여자들은 사소한 싸움에도 화해하는 데 오랜 시간이 걸린다고 알고 있었기 때문이다.

그 외에도 내 동생은 화가 났을 때, 답답할 때 그림을 그리고, 플루트를 연주했다. 그림 그리기와 플루트 연주는 내 동생의 취미였는데 아마도 그렇게 하면 기분이 나아지는 듯하였다. 솔직한 대화와 자신만의 취미생활이 내 동생을 조금씩 변하게 한 것이다.

그런 점에서 개인마다 조금씩 차이는 있겠지만, 사춘기의 극복방법은 가족과의 솔직한 대화, 그리고 스트레스를 날려버릴 악기연주와 취미 생활 등이 있다고 생각한다.

사춘기는 누구나 겪는 문제다. 조금 차이는 있겠지만, 분명히 그로 인해서 크고 작은 갈등이 생기기 마련이다. 무작정 혼내기 보다는 솔직한 대화를 이끌어 나가는 것이 어떨까.

민성이의 사춘기

김민성(3학년)

나는 사춘기를 막 끝낸 중학교 3학년 학생이다. 사춘기를 한 번 경험해본 선배로서 아직 부모님과의 갈등을 막지 못하는 친구들이나 다가오는 사춘기를 두려워하는 동생들에게 충고나 조언을 해주고 싶다.

사춘기는 빠르면 초등학교 5~6학년, 늦으면 중학교 3학년에 오는 친구들도 있다. 나 같은 경우에는 중학교 1학년 말쯤에 와서 최근에 잠잠해진 것 같다. 모두 알다시피 이 시기가 되면 가장 먼저 이성에 대한 관심이 증가하고 성격이 예전보다 더 예민해지면서 부모님과 다툼을 많이 하게 된다.

하지만 매일 싸우고 힘들 것만 같은 사춘기는 어떻게 대처하느냐에 따라서 전쟁 같은 시간으로 기억될 수도 있고, 보람 넘쳤던 시기가 될 수도 있다. 사춘기를 잘 보내는 방법은 세 가지로 나눠서 살펴볼 수 있다.

먼저, 이성에 대한 관심이다. 사춘기를 겪는 학생이라면 누구나 느끼는 심리일 것이다. 이러한 현상은 당연하다. 그러나 문제는 이것이 너무 심해져서 성적이나 부모님과의 관계를 악화시킬 수 있다는 점이다. 그러므로 자식들은 이와 같은 점들에 피해가 가지 않는 선 안에서 관심을 가져야 한다. 부모님들은 자식들의 성욕을 지나치게 절제시켜서는 안 된다. 부모님과 자식이 이러한 것들을 잘 지킨다면 큰 문제는 생기지 않을 것이다.

두 번째로 성적과 진로에 관한 고민이다. 나도 중학교 2학년 1학기 때 가장 큰 위기를 맞았다. 스마트폰과 텔레비전 때문에 정신줄을 놓아버린 바람에 등수가 심각하게 떨어진 경험이 있었다. 사춘기 시절, 피해야 할 가장 큰 적 중 하나는 바로 스마트폰이다. 스마트폰을 멀리하면 성적 고민의 반은 해결한 것이나 다름없다. 그렇게 되면 자연스럽게 부모님과의 관계도 개선될 것이고 성적 관리와 진로에 대해 고민하는 시간을 투자하는 것도 매우 쉬울 것이다.

마지막으로 어떻게 하면 부모님과 갈등을 줄일 수 있느냐이다. 사실 이 말은 앞에서 말한 부분들을 포괄하는 것이다. 성적인 충동을 적절하게 조절하고 스마트폰 사용시간을 최소화한다면 갈등을 줄일 수 있다. 가장 중요한 것은 자식들은 부모님이 항상 우리를 사랑한다는 것을 알고 있어야 한다는 것이고 부모님들 역시 자식들이 사춘기를 잘 보낼 수 있도록 배려해야 한다. 이것이 힘들다면 부모님께 높임말을 써보는 것도 좋은 방법이 될 수 있다. 높임말을 씀으로써 반항적인 말투를 줄일 수 있기 때문이다.

사춘기 시절을 덜 후회스럽게 보낼 방법에 대해 이야기해보았다. 아예 갈등을 없앨 수는 없다. 그러나 위에서 다루었던 점들을 실천하여 나중에 되돌아보았을 때 후회를 덜 하게 된다면 그것이 사춘기를 아름답게 보낸 것이 아닐까 생각된다. 나중에 내가 자식을 키울 때의 입장을 생각해 보며 사춘기를 더욱 알차게 보내자.

승원이의 사춘기

신승원(3학년)

'꽃 흔들리듯 바람에 니가 다가와
내 맘 두드리던 그런 너를 사랑해'
—다비치, 「괜찮아, 사랑이야」 ost 中

'큭! 내 안에 흑염룡이 날뛰려 하고 있군.
이거 재미있어지겠는 걸? 크큭★'

15살, 중2. 누구보다 대범하고 누구보다 감성적인 여러분들의 나이입니다. 위 글귀를 보고 웃거나 손발이 오그라드는 느낌을 느끼셨을 것입니다. 저 또한 손발이 오그라드는 느낌에 얼굴이 빨개지는 것을 느꼈습니다. 이 글귀들은 '중2병', 즉 '중학교 2학년 나이 또래의 청소년들이 사춘기 자아 형성 과정에서 겪는 혼란이나 불만과 같은 심리적 상태, 또는 그로 말미암은 반항과 일탈 행위'를 겪고 있는 학생들이 사용하는 글귀입니다. 여러분과 여러분 친구들입니다. '중2병'은 사춘기의 또 다른 말로 사용되고 있는데, 중2병의 어원은 과연 어떠하였을까요.

'중2병'이라는 단어는 일본어 라디오 프로그램에서 처음 등장하였습니다. 진행자가 방송에서 "나는 아직 중2병에 걸려 있다"고 말한 데서 유래하였죠. 또 웹툰 「싸우자 귀신아」에서는 '중2병'을 "세상에서 자신이 제일 불행하고 고독하며 세상을 등진 존재라 여기는 증상을 몇 학년 더 먹은 사람들이 비꼬아 만든 신조어"라고 정의하였습니다. 쉽게 말하면 '중2병'은 허세와 우월의식입니다. 성광중학교 학생들도 다른 사람의 행동을 보고서 '허세를 부린다', '가오(허세, 있는 척을 지칭하는 속어)를 잡는다' 등의 생각을 한 적이 있을 것입니다. 그런데 남을 보고 있기만 할 것이 아니라 이러한 과정이 이미 여러분들에게 또 저에게도 일어나고 있거나, 아니면 나중에 일어나게 될 과정이기에 '중2병'을 잘 극복해 나갈 방법을 잘 알아두어야 할 것입니다.

'중2병'은 전문적인 질환으로 치부하지 않기에 개인이 스스로 이겨나가야 하는 점에서 매우 중요합니다. 이 시기에는 사춘기 특유의 감수성과 상상력, 반항심과 허세가 최고조에 이르며 현실 기피, 우울증, 과대망상증상을 보이게 됩니다. 실제로 교사들이 가장 다루기 어려워하는 학년을 중학교 2학년이라 말씀하시곤 하십니다. 이러한 '중2병'의 특성으로 우스갯소리로 북한이 남침하지 못하는 이유가 '중2가 무서워서'라고 빗대기도 합니다. 혹시 근처에서 "너 중2병이니?"라는 말을 들은 적 없나요? 자신도 모르게 허세를 부리고 자기 우월감에 도취하여 한 말이나 행동 때문일 것입니다. 이렇게 '중2병'이란 녀석은 자기도 모르게 나왔다가 시간이 지나면 사라지기에 더욱 조심하여야 합니다.

'중2병'은 일종의 성장 과정이기에 자칫 옳지 못한 길로 빠져들기 쉽습니다. 완전한 어른의 형태, 가치관을 갖고 있지 않기 때문이지요. 문제는 이 시기에 빠져든 길을 쉽게 헤어 나오지 못한다는 점입니다. 주위 사람들이 모두 당신을 이해해주리라 생각합니까? 어른이 되어서도 중2와 같은 마음가짐을 가진다면 모두 혀를 찰 것입니다. 따라서 중2병을 올바르게 극복하는 것이 매우 중요합니다.

첫째, 부모님과 같은 주위 사람들과 대화를 자주 하도록 하여야 합니다. 사춘기가 되면 주위 사람들과 대화가 줄어들고, 힘들게 이루어진 대화도 자신의 의견만을 내세워 올바른 의사소통이 어려울 때가 대부분입니다. 하지만 화를 참고 대화를 해보면 주위 사람들이 자신의 편임을 깨닫고 올바르게 나아갈 수 있을 것입니다.

둘째, 감정의 기복을 자연스러운 현상으로 여기세요. 사춘기에 감정기복이 심하여 지는 증상은 지극히 자연스러운 현상입니다. 제 친구들 중 몇 명은 자신의 감정기복을 이해하기 힘들어 억지로 잠을 자는 친구도 있었습니다. 몸의 변화를 회피하려는 것이죠. 하지만 무시한다고 변하지는 않습니다. 현상을 물 흐르듯 이해하고 감정의 상태가 악화되면 혼자서 할 수 있는 활동을 해보는 것도 큰 도움이 될 것입니다.

셋째, 스트레스를 해소할 수 있는 다양한 활동을 해보세요. 아무리 화를 누그러뜨리고 대화한다 하더라도 그 스트레스는 계속 쌓이다 터질지도 모릅니다. 따라서 운동을 한다거나 영화를 본다거나 누군가의 팬이 되어 공연을 보러 가는 것도 아주 좋은 방법입니다. 저와 같은 학년의 많은 친구들은 아이돌을 팬으로서 응원합니다. 그래서 그들은 감정이 악화되었을 때도 자신이 응원하는 아이돌의 사진을 보고 공연 등을 봄으로서 '중2병'을 이겨나가려 합니다.

마지막으로 주위의 간사한 말에 현혹되어 좋지 않은 길로 빠지지 않도록 하여야 합니다. 앞서 말했듯이 한번 나쁜 길로 빠져들면 헤어 나오기 힘듭니다. 자신이 사회에서 버림받고 필요 없는 존재라 생각하고 비행적인 행동을 해서는 안 됩니다. 중학교를 졸업하고서도 성격장애와 정신분열을 일으켜 자살을 초래할 수도 있는 위험한 정신병으로 이어질 수도 있다고 말합니다.

잘 이겨만 낸다면 '중2병'은 절대 병이 아닙니다. 서로를 이해하고 대화가 지속된다면 걱정과는 달리 쉽게 넘어갈 것입니다. 여러분들은 21세기의 사회를 이끌어나갈 귀중한 인재들입니다. 여러분 모두가 '중2병'을 잘 극복하여 각 분야에서 성광중학교를 대표하는 인재들이 되었으면 합니다.

금재의 사춘기

윤금재(3학년)

난 어릴 때부터 과학에 관심이 많았다. 그래서 과학 상상화 그리기 대회를 하면 항상 참가하곤 했다. 10살 때, 대회 안내문을 보던 도중 '전자과학—전자 꽃'이라는 종목을 보았다. 그때 난 과학자들이 연구실에서 몇 달 동안 힘들게 연구해서 마침내 만들어낸 첨단과학의 산물인 것처럼 들리는 '전자 꽃'이라는 이름 때문인지는 몰라도 이게 무엇인지 정말 궁금했었다. 그래서 어머니께 이게 뭐냐고 여쭈어 보았지만, 어머니도 잘 모르고 계셨다. 나중에 어머니께서 '전구를 연결해서 회로를 만드는 대회'라고 말해주셨다.

11살 때, 학교 영재반에서 '전자 꽃'과 비슷한 '비안정 M/V'를 만들 기회가 있었다. 그 당시 굉장히 복잡해 보이던 회로를 조립하는 게 상당히 어려웠지만 재미있었고, 부품의 용량을 바꾸면 LED의 깜빡거리는 주기가 달라지는 것이 신기했다. 그래서 그때부터 거의 매일 학교에 늦게까지 남아 학교 선생님과 전자과학 공부를 시작하였다. 중간에 힘들어서 포기하고 싶을 때도 없지는 않았지만, 그래도 내가 하고 싶은 일이고, 좋아하는 일이니 전자과학을 공부하는 것을 그만둘 수는 없었다. 12살 때부터 전자과학 대회에 나가기 시작하였고, 계속 노력한 결과 마지막 대회인 올해 대구 금상, 전국 은상을 받았다.

지금 사춘기인 학생들에게 나중에 자신이 무엇을 할지, 어떻게 될지 몰라 방황하지 말고, 자신이 좋아하는 것을 찾으라고 말해주고 싶다. 작년 진로시간에 친구들이 자신의 진로에 대해 잘 생각하지 않고 있었다. 그리고 자신이 무엇을 좋아하는지, 무엇을 잘하는지 잘 모르는 친구들이 많았다. 난 이런 친구들을 보고, 너무 놀랐다. 친구들이 자신의 미래에 대해서 이렇게 생각하지 않을 줄은 몰랐다. 이런 일이 없으려면, 자신의 진로에 대해 평소에 많이 생각해야 한다.

예를 들어 음악 듣기를 좋아한다면, 나중에 음악가로 살면 어떨지, 후회하지는 않을지, 그 분야에 전문가가 될 자신이 있는지에 대해 생각을 해 보는 것이다. 자주 이런 생각을 하다 보면, 나중에 무엇을 해야 할지, 어떻게 해야 할 지에 대한 방황을 멈출 수 있을 것이다. 지금부터라도 이것에 대해 고민해 보아야 한다. 그리고 좋아하는 것을 찾았으면(물론 가지고 있을 것이지만) 그 분야에 대해 흥미를 가지고 그것에 대한 관련 학과와 자격증 등을 알아봐야 한다. 만약 나처럼 전자공학에 관심이 많다면, 전자공학과, 모바일공학과, 컴퓨터공학과 등의 학과가 있고, 자격증은 OCJP 등이 있다. 또, 평소에 고장 난 전자제품을 분해해서 회로를 살피고, 전자 회로를 많이 만들어 보는 등 진로에 관련된 취미생활을 갖는 것도 좋다. 평소에 자신이 하고 싶은 일에 대해 생각하고, 관심을 가지다 보면 나처럼 꿈에 한 발 더 다가갈 수 있을 것이다. 물론 나도 아직 멀었지만 말이다.

꿈을 갖고 생활하면 방황할 일이 없을 것이다. 자신의 꿈에 대해서 주위 사람들이 비난하더라도, 자신을 믿고 꿈꾸기를 포기하지 마라. 그리고 만약 꿈이 바뀌더라도, 포기하지 않고 최선을 다해라.

총이의 사춘기

이 총(3학년)

나도 사춘기를 겪었던(?) 중3 학생으로서 사춘기를 겪고 있거나 앞으로 겪을 학생들에게 이 글을 전하고 싶다.

가끔 사람들이 사춘기와 2차 성징의 정의를 헷갈리는 경우가 있다. 2차 성징은 단지 신체적 변화를 뜻한다. 반면 사춘기는 신체적 변화뿐만 아니라 정신적 변화까지 아우르고 있다. 나도 사춘기를 겪으며 확실히 몸도 성숙해졌을 뿐만 아니라 정신적으로도 성숙해진 것 같다. 사실 아직 나의 사춘기도 끝나지 않았지만, 지금까지 겪어본 것들을 가감 없이 들려준다면 후배들에게 충분히 도움이 될 것 같아서 자세히 적어보겠다.

내가 사춘기가 되었을 때, 그러니까 신체적 변화가 일어났을 때는 아직 사춘기인지 몰랐다. 그냥 그러려니 하고 넘어갔다. 이때가 중학교 1학년이었다. 사춘기를 깨달은 계기는 가정시간에 '사춘기와 성'이라는 단원을 배우면서였다. 당연히 부모님께도 서서히 반항을 시작했다. 중학교 2학년이 되고 어머니께 반항하는 횟수가 점점 많아지기 시작했다. 그 후로 성격이 조금씩 변하며 현재는 반항하는 횟수가 줄어들고 있긴 하지만 완전히 없어지진 않았다. 자신이 부모님께 반항하는 것이 조금 과하다 싶으면 화가 날 때 자기 방에 들어가서 10초만 참고, 그래도 안 되겠으면 신문지를 찢든 베개를 때리든 부모님의 마음에 대못을 박는 것은 피해야 한다. 물론 부모님의 말이 틀렸다 할지라도 당장 따지는 것이 아니라 화가 풀리고 부모님도 화가 풀렸다 싶으면 그때 오목조목 따지면 되는 것이다.

사춘기가 되면서 나의 꿈이 많아지고 복잡해지고 뒤죽박죽이었다. 중학교 1학년 때까진 경찰관이 꿈이었지만 사춘기가 진행되고 나서부터 경제학자, 선생님, 국문학자 같은 꿈이 생겼다. 지금 현재도 이과를 갈지 문과를 갈지 고민이다. 그만큼 사춘기가 시작되면 꿈이 많아지고 자신의 미래에 대해서 더욱 진지하게 탐구를 한다는 것이다. 이것은 전혀 나쁜 것이 아니다. 자신이 선택할 꿈의 폭이 넓어지는 것이다. 아직 꿈을 탐색할 시간이 많다. 섣불리 선택할 필요가 없다. 오히려 자신과 맞지 않는 꿈을 택하여 다시 되돌아오는 부작용이 생길 수도 있다. 여러분은 아직 어리니 최대한 많은 경험을 해보고 그 경험 중 자신과 맞는 꿈을 선택하는 것이 좋다.

사춘기가 되면 부모님께 반항도 하고, 성격도 바뀌고, 꿈도 많아질뿐더러 성에 대한 호기심도 커진다. 그러나 여러분들은 이 글의 내용을 참고하여 사춘기를 잘 극복하였으면 한다.

성광중학교 서록(書錄) 작품집
나도 중2병이 싫어요

초판 인쇄 2016년 5월 17일
초판 발행 2016년 5월 20일

엮은이 / 우 성 훈
펴낸이 / 박 진 환

펴낸 곳 / 만인사
출판등록 / 1996년 4월 20일 제03-01-306호
주소 / 41960 대구광역시 중구 명륜로 116
전화 / (053)422-0550
팩스 / (053)426-9543
전자우편 / maninsa@hanmail.net
홈페이지 / www.maninsa.co.kr

ISBN 978-89-6349-091-5 03810

값 10,000원

*이 도서의 국립중앙도서관 출판시도서목록(CIP)은 서지정보유통지원시스템 홈페이지(http://seoji.nl.go.kr)와 국가자료공동목록시스템(http://www.nl.go.kr/kolisnet)에서 이용하실 수 있습니다(CIP제어번호 : CIP2016012203).